纺织服装产业绿色发展研究

FANGZHI FUZHUANG CHANYE LÜSE FAZHAN YANJIU

许菱 秦晓海 张克 ◎ 著

中国纺织出版社有限公司

内 容 提 要

本书系统探讨了纺织服装产业的可持续发展。第一章介绍研究动机及方法；第二章分析了绿色产业的概念、环境影响、发展趋势和机遇；第三章至第五章重点关注纺织服装供应链、技术创新、资源效率提升及消费与市场需求；第六章深入研究了区域性纺织产业，考察其历史、特点、挑战与机遇；第七章提出了该区域纺织产业的绿色发展策略，突出发展需求和实施方案；最后一章为对未来研究的建议。

本书理论与实践相结合，对实现纺织服装产业的绿色转型具有一定的指导作用。

图书在版编目（CIP）数据

纺织服装产业绿色发展研究 / 许菱，秦晓海，张克著. -- 北京：中国纺织出版社有限公司，2024.9
ISBN 978-7-5229-2221-8

Ⅰ. F426.81；F426.86

中国国家版本馆 CIP 数据核字第 20243AP119 号

责任编辑：施 琦　　责任校对：寇晨晨　　责任印制：王艳丽

中国纺织出版社有限公司出版发行
地址：北京市朝阳区百子湾东里A407号楼　邮政编码：100124
销售电话：010—67004422　传真：010—87155801
http://www.c-textilep.com
中国纺织出版社天猫旗舰店
官方微博 http://weibo.com/2119887771
三河市宏盛印务有限公司印刷　各地新华书店经销
2024年9月第1版第1次印刷
开本：787×1092　1/16　印张：9.5
字数：200千字　定价：78.00元

凡购本书，如有缺页、倒页、脱页，由本社图书营销中心调换

前 言
PREFACE

纺织服装产业作为全球经济的重要组成部分，在推动经济增长和促进就业方面发挥了不可或缺的作用。然而，随着全球环境问题的日益突出和可持续发展理念的深入人心，纺织服装产业面临前所未有的挑战。特别是中国，作为世界上最大的纺织服装生产和出口国，如何实现纺织服装产业的绿色发展，已成为亟待研究的重要课题。

本书旨在探讨纺织服装产业在绿色发展方面面临的挑战与机遇，研究如何通过绿色供应链管理、绿色技术创新、绿色消费以及资源利用率的提升，推动纺织服装产业的可持续发展。本书以区域性纺织服装产业为切入点，结合具体的实证分析，提出了具有针对性的绿色发展策略。

首先，本书从绿色产业发展的基本概念入手，详细解析了绿色产业发展的内涵、特点以及对环境的影响。绿色产业发展不仅是减少污染、节约资源，更重要的是通过创新驱动，实现经济效益和环境效益的双赢。纺织服装产业作为传统的高耗能、高污染行业，绿色发展无疑是其未来发展的必由之路。

其次，绿色供应链管理作为实现纺织服装产业绿色发展的重要手段，在本书中得到了深入的探讨。通过对绿色供应链管理理论和质量管理原则的研究，结合纺织服装产业的实际情况，提出了基于绿色发展的供应链改进策略。绿色供应链管理不仅是对生产环节的绿色化改造，更是涵盖了从原材料采购、生产加工到销售服务的全流程绿色管理。

绿色技术创新是实现纺织服装产业绿色发展的重要动力。本书通过对绿色技术创新概念和特点的阐述，结合具体的案例分析，探讨了纺织服装产业在绿色技术创新方面的实践与成效。绿色技术不仅能提高资源利用效率，减少环境污染，还能提升产品附加值，增强企业的市场竞争力。

随着消费者环保意识的提高，绿色消费成为推动纺织服装产业绿色发展的重要力量。本书分析了绿色消费的内涵与形式，探讨了绿色消费在纺织服装产业中的应用，以及市场需求对绿色发展的推动作用。通过倡导绿色消费，促进生产者和消费者共同参与绿色发展，从而形成良性互动，推动产业的绿色转型。

在研究区域性纺织服装产业的绿色发展时，本书选取了具体的案例进行实证分析。通过对区域性纺织服装产业的历史背景、发展现状、特点与优势的梳理，深入分析了区域性纺织服装产业在绿色发展中的挑战与机遇。区域性纺织服装产业由于其独特的资源禀赋和产业结构，在绿色发展中具有重要的示范作用。

为了推动区域性纺织服装产业的绿色发展，本书提出了一系列具有针对性的绿色发展策略。通过科学规划绿色发展方向、建立激励机制、提供技术支持与培训、构建绿色供应链体系、加强监督与评估等措施，推动区域性纺织服装产业实现绿色转型。同时，本书还对中国纺织服装产业未来的创新发展路径进行了探讨，提出了创新优先、优化结构、绿色发展的具体建议。

本书旨在通过系统的理论研究和实证分析，为纺织服装产业的绿色发展提供有益的借鉴和参考。希望本书的研究成果能为企业实践以及学术研究提供一定的理论基础和实践指导，共同推动纺织服装产业的绿色转型，实现经济效益和环境效益的双赢。

许菱

2024 年 4 月

目 录
CONTENTS

第一章　导论 / 1
　　第一节｜研究背景 / 2
　　第二节｜研究目的与意义 / 7
　　第三节｜研究方法与数据来源 / 10

第二章　纺织服装产业绿色发展概述 / 13
　　第一节｜绿色产业发展概念解析 / 14
　　第二节｜产业发展对环境的影响 / 16
　　第三节｜绿色发展趋势与机遇 / 24

第三章　纺织服装产业绿色供应链管理及质量控制 / 31
　　第一节｜绿色供应链管理理论与质量管理原则 / 32
　　第二节｜基于绿色发展的供应链改进策略 / 39
　　第三节｜绿色供应链在纺织服装产业中的应用与挑战 / 52

第四章　纺织服装产业绿色技术创新与资源效率提升 / 59
　　第一节｜绿色技术创新的概念与特点 / 60
　　第二节｜纺织服装产业绿色技术创新应用分析 / 61
　　第三节｜资源效率提升对绿色发展的影响 / 78

第五章　纺织服装产业绿色消费与市场需求 / 83

第一节 ｜ 绿色消费的内涵与形式 / 84

第二节 ｜ 绿色消费对纺织服装产业的影响 / 88

第三节 ｜ 市场需求对绿色发展的推动作用 / 97

第六章　区域性纺织服装产业的实证分析 / 101

第一节 ｜ 区域性纺织服装产业的历史背景和发展现状 / 102

第二节 ｜ 区域性纺织服装产业的特点与优势 / 109

第三节 ｜ 区域性纺织服装产业在绿色发展中的挑战与机遇 / 114

第七章　区域性纺织服装产业的绿色发展策略 / 121

第一节 ｜ 区域性纺织服装产业的绿色发展需求 / 122

第二节 ｜ 区域性纺织服装产业绿色发展策略的制定与实施 / 125

第八章　对未来研究的建议 / 133

第一节 ｜ 走中国纺织服装产业创新发展的道路 / 134

第二节 ｜ 创新优先、优化结构、绿色发展：迈向纺织服装强国之路 / 137

参考文献 / 145

第一章

导论

- 第一节
  研究背景

- 第二节
  研究目的与意义

- 第三节
  研究方法与数据来源

第一节 | 研究背景

一、全球纺织服装产业发展现状

（一）全球纺织服装产业的规模和增长趋势

全球纺织服装产业作为重要的制造业之一，在过去几十年里呈现持续增长的趋势。其规模庞大且不断扩张，成为全球经济中的重要组成部分。随着全球化进程的不断推进和国际贸易的日益频繁，纺织服装产品的生产和消费呈现跨国性和跨区域性的特点。许多发展中国家如中国、孟加拉国、越南等成为全球纺织服装生产的重要基地，充分利用自身劳动力成本优势和丰富的资源，成为世界纺织服装产业链的重要节点。与此同时，发达国家如欧美国家更多地专注于设计、品牌和高端市场，通过技术创新和品牌营销来提升附加值和竞争力。

纺织服装产业的增长趋势受到多种因素的影响。首先，经济增长是推动纺织服装需求增长的重要因素之一。随着全球经济的发展和人民生活水平的提高，消费者对于服装的需求不断增加，特别是在新兴市场和发展中国家，中产阶级的扩大带动了服装市场的快速增长。其次，人口增长也是纺织服装产业增长的重要驱动力。随着全球人口的不断增加和城市化进程的加速，纺织服装的消费群体不断扩大，为产业的发展提供了广阔的市场空间。最后，消费升级也推动了纺织服装产业的发展。随着人们生活水平的提高和消费观念的转变，消费者对于品质、款式、舒适度等方面的要求也日益提高，这促进了纺织服装产品向高端化、个性化和品质化方向发展。

总体来说，全球纺织服装产业具有较强的生命力和发展潜力。在全球经济一体化的背景下，纺织服装产业的国际分工更加明显，不同国家和地区在产业链中扮演着不同的角色。未来，随着科技进步、消费升级和绿色发展的推进，全球纺织服装产业将进入更加多元化、智能化和可持续发展的新阶段。

（二）技术与创新驱动的发展趋势

随着科技的不断进步和创新能力的提升，纺织服装产业正经历着一场革命性的变革，向智能化、数字化和个性化方向迈进。这种发展趋势不仅改变了传统的生产方式，也重新定义了产品设计、制造和销售的模式。

第一，新型材料的应用是推动纺织服装产业技术与创新发展的重要驱动力之一。随着纳米技术、生物技术等领域的不断突破，新型材料的研发应用不断涌现。例如，具有抗菌、防臭、吸湿排汗等功能的功能性纤维材料，以及具有可降解性、可再生性的生态纤维材料，都为纺织服装产品的性能提升和环境友好型发展提供了新的可能性。

第二，智能制造技术的引入也成为纺织服装产业技术创新的重要推动力。包括3D打印技术、智能缝纫机器人、智能裁剪系统等在内的先进生产技术的应用，使生产过程更加精准高效，大幅提高了生产效率和产品质量。数字化、自动化的生产方式，不仅降低了人工成本，还能满足个性化定制的需求，为消费者提供更加个性化的服装产品。

第三，定制化生产模式的兴起也是纺织服装产业技术与创新发展的重要趋势之一。传统的大规模生产模式逐渐被个性化、定制化的生产模式所取代，消费者可以根据个人需求定制符合自己尺寸、风格和偏好的服装产品。这种定制化生产模式不仅提升了消费者的购物体验，也减少了库存压力和资源浪费，推动了产业向可持续发展的方向转变。

第四，电子商务、大数据和人工智能等新技术的应用也为纺织服装产业带来了巨大的发展机遇。电子商务平台为企业提供了更广阔的销售渠道，大数据技术帮助企业更好地了解消费者需求，提供个性化的产品和服务，而人工智能技术则可以实现智能化的推荐、客服等功能，提升了用户体验。

（三）纺织服装产业的环境和社会责任

随着环境保护意识和社会责任观念的日益普及，纺织服装产业面临的环境和社会责任问题日益受到关注。环境污染、资源消耗、劳工权益等问题成为产业发展中不可忽视的挑战，迫使企业必须认真思考和行动，以应对这些挑战并承担起相应的社会责任。

第一，环境污染是纺织服装产业面临的重要问题之一。传统的纺织服装生产过程中，大量的化学物质和污染物被释放到空气、水体和土壤中，对环境造成了严重的污染。废水排放、废气排放、固体废弃物处理等问题日益突出，给周围的生态环境和人类健康带来了严重影响。因此，纺织服装企业需要采取有效的环境保护措施，减少污染物的排放，推动生产过程向清洁、低碳、环保的方向转变。

第二，资源消耗是纺织服装产业面临的另一个关键问题。传统的生产模式依赖大量的原材料、水资源和能源，给资源供给带来了巨大的压力。同时，生产过程中的能源消耗和废弃物产生也加剧了资源的浪费。为了实现可持续发展，纺织服装企业需要推动资源的节约利用，采用循环经济模式，提高资源利用效率，减少资源消耗和浪费。

第三，劳工权益问题也是纺织服装产业需要重视的社会责任之一。传统纺织服装生产中存在劳工工时长、工资低、工作环境差等问题，劳工权益得不到有效保障。因此，纺织服装企业需要建立健全的劳工权益保护机制，保障劳工的基本权益，改善劳动条件和待遇，营造良好的工作环境。

二、环境污染与资源消耗问题

（一）纺织服装产业对环境的影响

纺织服装产业对环境的影响是不可忽视的，其生产过程产生的废水、废气和废弃物对水源、大气和土壤造成了严重污染。在纺织生产过程中，许多有害化学物质被使用，例如染料、助剂和有机溶剂等，这些化学物质在生产过程中会被释放到环境中，对周围的生态系统和人类健康造成危害。废水排放中可能含有重金属、有机物和其他有害物质，污染水体，影响水资源的可持续利用。废气中的挥发性有机化合物和氮氧化物等会污染大气，加剧空气污染，影响人们的健康和生活质量。此外，废弃物的处理和填埋也带来了环境问题，如废弃的纺织物会占据大量的土地资源，而且难以降解，对土壤造成污染。纺织服装产业消耗大量的能源和水资源，尤其是传统的生产方式更加耗能耗水，加剧了资源的紧张和环境的恶化。因此，为了减少纺织服装产业对环境的负面影响，需要推动绿色生产方式的转变，减少有害物质的使用和排放，提高资源利用效率，促进循环经济的发展，以实现纺织服装产业的可持续发展。

（二）资源消耗与循环利用

纺织服装产业的生产过程对资源的消耗量巨大，主要包括棉花、化纤和能源等资源。首先，棉花是纺织服装产业中最主要的原材料之一，但其种植需要耗费大量的水、土地和化肥等资源。此外，化纤的生产需要使用石油等化石能源，并排放大量的二氧化碳等温室气体，对环境造成严重影响。在生产过程中，大量的水、能源和化学品被用于染色、印花、整理和后整理等环节，造成了资源的大量消耗和污染。传统的线性生产模式导致了大量资源的浪费和排放，生产出的纺织品在使用寿命结束后往往被丢弃，难以实现资源的循环利用和可持续发展。

针对资源消耗与循环利用的问题，纺织服装产业正在逐步转向更加可持续的生产模式。一方面，通过技术创新和生产工艺改进，减少了原材料和能源的消耗，例如开发出节水型染色工艺、高效节能的生产设备等。另一方面，注重产品设计和生命周期管理，延长纺织品的使用寿命，减少废弃物的产生，推动"绿色设计"理念的普及，鼓励可持续的材料选择和生产方式。此外，倡导循环经济理念，将废弃纺织品回收再利用，提高纺织品的再生利用率，减少资源的浪费和环境污染。通过采取以上措施，纺织服装产业可以更好地实现资源的循环利用，减少对环境的负面影响，促进产业的可持续发展。

（三）可持续发展的路径探索

纺织服装产业面临的环境污染和资源消耗问题日益凸显，为了实现可持续发展，必须探索适合行业发展的路径。

第一,采用清洁生产技术是关键一步。通过引进先进的生产工艺和设备,优化生产流程,减少污染物排放和能源消耗,提高生产效率和质量。例如,推广高效节能的纺织生产设备、采用低污染的染色和整理工艺,以及建立废水处理系统等措施,可以有效降低环境污染程度。

第二,推广绿色材料是实现可持续发展的重要途径之一。选择环保、可再生的原材料,如有机棉、竹纤维、再生聚酯等,减少对自然资源的开采和消耗。此外,研发和应用生物基材料、可降解材料等新型绿色材料,可以降低对环境的负面影响,促进资源的可持续利用。

第三,实施循环经济模式是探索可持续发展路径的重要策略。循环经济强调资源的最大化利用和循环利用,将废弃物转化为资源,减少资源的浪费和排放。在纺织服装产业中,可以采取废弃纺织品回收再利用、建立循环供应链等措施,推动资源的闭环利用,实现生产过程的可持续发展。

第四,加强产业间的合作与协同,促进信息共享和技术创新,形成产业共同发展的合力。政府、企业和社会各界应加强沟通与合作,共同制订和落实可持续发展的政策和行动计划,共同推动纺织服装产业向着绿色、低碳、循环的发展方向迈进,实现经济、社会和环境的协调可持续发展。

三、可持续发展的迫切需求

(一)社会需求与政策导向

随着人们环保意识的提升和消费观念的转变,社会对绿色、环保、可持续的产品和生产方式的需求日益增加。随着信息的普及和科技的发展,公众对环境保护和可持续发展的重视程度不断提高。越来越多的消费者开始关注产品的环保属性和生产过程中的环境影响,更倾向于购买符合环保标准和承担社会责任的产品。他们追求的不仅是产品本身的质量和功能,更注重产品背后所代表的环保理念和企业的社会责任。

在这种社会需求的推动下,政府也制定了一系列环保政策和法规,鼓励和引导企业加快绿色转型,促进可持续发展。例如,政府加大了对环境污染治理的力度,对高污染、高能耗的企业进行限制和淘汰,鼓励企业采用清洁生产技术和绿色生产工艺,提高资源利用效率和减少排放。此外,政府还通过税收优惠、补贴政策等方式,鼓励企业投资绿色技术研发和生产设备更新,推动产业向绿色、低碳、循环发展。

除了政府的政策导向外,社会各界也积极参与绿色发展的推进。企业主动承担社会责任,积极投入环保项目和社会公益活动中,树立良好的企业形象和品牌形象。非政府组织和公益机构也发挥着重要作用,通过宣传教育、监督检查等方式,推动企业履行环保责任，促进社会绿色发展。

（二）产业发展的长远考虑

纺织服装产业需要深刻认识到从长远发展的角度考虑环境保护和资源节约对其可持续发展的重要性。随着全球环境问题日益严峻和资源紧缺的挑战加剧，传统的生产模式已经难以满足未来的发展需求。因此，产业必须转向绿色、低碳、循环的生产模式，以确保其长期稳定和可持续发展。

第一，环境保护已经成为全球范围内的共同责任。纺织服装产业作为一个资源密集型和污染性较强的产业，在其生产过程中会产生大量的废水、废气和废弃物，给环境造成严重的污染。随着环境问题日益引起人们的关注，消费者对于环保产品的需求也在不断增加，企业如果不能积极采取环保措施，将面临被市场淘汰的风险。因此，产业必须加强环境保护意识，采用清洁生产技术，减少污染排放，降低对环境的负面影响。

第二，资源节约是产业可持续发展的关键。纺织服装生产过程中需要大量的原材料和能源，而资源的有限性和消耗速度远远超过了资源的再生速度，导致了资源的枯竭和浪费。因此，产业必须加强对资源的节约利用，推动循环经济发展。通过提高生产效率，降低能源消耗和原材料使用量，实现资源的循环利用和再生利用，以实现可持续发展的目标。

第三，产业发展必须从长远考虑，不能只顾眼前利益而忽视了环境和资源的长期影响。只有实现绿色、低碳、循环的生产模式，才能确保产业的长期稳定和可持续发展。产业需要积极倡导绿色生产理念，加强与环保组织和政府部门的合作，共同推动绿色产业的发展。同时，产业还应加强科研创新，推动技术进步，开发环保新材料和绿色生产技术，为产业的可持续发展提供技术支持和保障。

（三）国际竞争与品牌形象

在当今全球化竞争激烈的市场环境中，企业需要树立良好的环保和社会责任形象，以在国际竞争中脱颖而出并赢得消费者的青睐。具有良好环保和社会责任形象的企业往往能获得更高的市场认可度和更大的竞争优势，进而实现可持续发展的经济效益和社会效益的双赢。

第一，积极响应可持续发展的呼声是企业塑造环保形象的关键。在当今社会，人们对环境保护和可持续发展的关注度越来越高，消费者更倾向于选择那些具有环保意识和社会责任感的企业的产品和服务。因此，企业需要积极响应这一呼声，通过采取环保措施和推动可持续发展来树立良好的环保形象。

第二，提升品牌形象和市场竞争力是企业赢得国际竞争优势的重要途径。良好的环保和社会责任形象不仅可以提升企业的品牌知名度，还可以增强消费者对企业的信任感和好感度，从而提高产品的市场竞争力。在全球化竞争中，具有良好品牌形象的企业更容易获得国际市场份额，并赢得消费者的青睐。

第三，实现可持续发展的经济效益和社会效益是企业追求的双赢目标。通过积极响应环保和社会责任的呼声，企业不仅可以提升品牌形象和市场竞争力，还可以促进生产效率的提高和资源利用的优化，从而实现经济效益的增长。与此同时，企业还能够履行社会责任，改善员工福利和社会环境，为社会可持续发展作出积极贡献。

第二节 ｜ 研究目的与意义

一、探讨纺织服装产业绿色发展的必要性

（一）全球环境挑战

全球环境问题的日益严峻已经成为当前时代的一大挑战。环境污染和资源枯竭等问题不仅影响着人类的生存和发展，也对地球生态系统造成了严重的破坏。面对这一全球性挑战，纺织服装产业作为一个重要的制造业，承担着不可忽视的责任。

纺织服装产业的生产过程中，大量的废水、废气和废弃物排放，是导致环境污染的主要原因之一。生产过程中使用的染料、助剂和有机溶剂等化学物质，往往会污染周围的水源、大气和土壤，给环境造成不可逆转的伤害。特别是一些传统的生产工艺，存在着生产能源的高耗费和低效率问题，加剧了对资源的过度消耗和浪费，进一步加重了环境问题的恶化。

此外，纺织服装产业对于一些关键资源的大量消耗也是环境问题的重要来源之一。棉花作为主要的天然纤维原料，其种植和加工过程需要耗费大量的水资源和农药化肥，给土地和水源带来了严重的污染和破坏。同时，化纤等合成纤维的生产需要大量的石油等化石燃料作为能源，不仅加剧了化石能源的消耗，也增加了碳排放和气候变化的风险。

因此，纺织服装产业面临的环境问题不容忽视，其对环境污染和资源枯竭的影响已经成为全球环境挑战的一部分。为了应对这一挑战，纺织服装产业需要加大环保投入，优化生产工艺，提升资源利用效率，推动绿色转型和可持续发展。只有这样，才能有效减少对环境的负面影响，实现产业的可持续发展和地球生态系统的可持续性。

（二）产业转型的迫切性

纺织服装产业正面临着转型升级的迫切性，这一转型的重要性主要体现在以下几个

方面。

首先，环境压力日益增大，需要采取更加环保的生产方式。传统的纺织服装生产模式以其高耗能、高排放、低效率的特点而闻名，给环境造成了巨大的负面影响。随着全球环境问题的加剧，各国对于环保的要求日益严格，纺织服装产业必须转型为绿色、低碳的生产模式，减少污染物排放，降低能源消耗，实现清洁生产，以维护环境生态系统的稳定和健康。

其次，社会对于可持续发展的需求不断增长，需要企业积极响应。随着人们环保意识的提升和消费观念的转变，社会对于绿色、环保、可持续的产品和生产方式的需求日益增加。消费者越来越注重产品的环保和社会责任属性，对于高污染、高能耗的产品表现出越来越强烈的抵制和排斥态度。因此，纺织服装产业必须积极响应社会需求，加快绿色转型步伐，提供符合可持续发展理念的产品和服务。

最后，产业转型是提升竞争力、实现可持续发展的必由之路。随着全球市场的竞争日益激烈，纺织服装产业只有加强创新，提升产品品质和附加值，才能在市场竞争中立于不败之地。绿色、低碳的生产方式不仅可以降低成本，提高效率，还能够增强企业的品牌形象和市场竞争力，为企业的可持续发展打下坚实基础。

（三）为产业发展提供理论支持

研究纺织服装产业绿色发展的必要性具有重要的理论意义，可以为产业的发展提供理论支持和指导。通过深入分析绿色发展的必要性，可以帮助企业和政府认识到环境保护和可持续发展对于产业发展的重要性。环境问题日益严峻，资源的枯竭和环境污染已经成为制约产业可持续发展的重要因素，而绿色发展正是解决这些问题的有效途径。因此，研究纺织服装产业绿色发展的必要性有助于引起社会各界对环境问题的重视，推动政策制定和产业转型。

研究可以揭示绿色发展对于产业的益处和优势，为企业和政府决策提供理论依据。绿色发展不仅可以减少环境污染和资源消耗，降低生产成本，提高企业竞争力，还可以促进经济增长、改善人民生活水平。通过对绿色发展的深入研究，可以更加清晰地认识到绿色发展的经济、社会和环境效益，为企业和政府决策提供重要参考。

研究可以为产业转型提供具体的理论指导和实践方案，推动产业向绿色、低碳、循环的发展路径转变。通过分析纺织服装产业绿色转型的现状和问题，可以为企业制定绿色转型策略和实施方案提供重要的理论支持。例如，可以提出在生产过程中采用清洁生产技术、推广绿色材料、实施循环经济模式等措施，以降低环境负荷，提高资源利用效率。同时，也可以为政府制定支持政策和法规提供参考，促进产业转型升级，推动产业结构优化和升级。

二、分析绿色发展对环境、经济和社会的影响

（一）环境影响

绿色发展在环境方面的影响主要表现在减少环境污染和资源消耗方面。通过采用清洁生产技术、推广绿色材料、实施循环经济等措施，纺织服装产业可以有效减少废水、废气和废弃物的排放量，减少对水源、大气和土壤的污染。此外，绿色发展还有助于保护生态系统，减缓气候变化，促进生物多样性保护。通过改善环境质量，绿色发展可以提高人们的生活品质，保障未来世代的生存和发展。

（二）经济影响

绿色发展对经济的影响主要表现在提高资源利用效率和经济效益方面。通过节约能源、降低原材料消耗和减少废物排放，纺织服装企业可以降低生产成本，提高生产效率，增强竞争力。此外，绿色发展还可以促进产业技术升级和创新，推动产业结构调整和优化，为企业带来新的发展机遇和竞争优势。同时，绿色发展还可以促进就业和经济增长，为社会提供更多的就业机会和经济收入。

（三）社会影响

绿色发展对社会的影响主要表现在改善劳工工作环境和保障劳工权益方面。通过提高环境质量和生产条件，绿色发展可以保障劳工的健康和安全，提升劳工的工作满意度和生活质量。此外，绿色发展还可以促进社会的和谐稳定和可持续发展，减少社会矛盾，提高社会的凝聚力和稳定性。同时，绿色发展还可以促进社会责任意识和公民参与，推动社会的文明进步和发展。

三、为产业转型提供理论指导和实践方案

（一）理论指导

纺织服装产业的绿色发展需要建立在扎实的理论基础之上。首先，需要深入研究环境管理、资源利用、清洁生产等领域的理论，理解绿色发展的内涵和原理。其次，需要探讨纺织服装产业的特点和现状，分析其面临的环境和资源压力，得出产业转型的紧迫性和必要性。通过比较分析国内外相关理论研究成果，借鉴国外成功经验，结合国内实际情况，提出适合我国纺织服装产业绿色转型的理论框架和路径。最后，通过理论推导和逻辑论证，提出一套系统完整、科学合理的理论指导体系，为纺织服装产业的绿色转型提供理论支持和指导。

（二）实践方案

制订实践方案是实现产业转型的关键步骤。首先，需要对纺织服装产业的生产、供

应链、销售等方面进行全面调研和分析，了解产业现状和存在的问题。

其次，基于理论指导的框架，结合实际情况，制订具体可行的实践方案。这包括确定绿色技术和装备的引进和应用，推广绿色材料的使用，建立绿色供应链体系，加强环境管理和监测等方面的具体措施。

再次，需要明确实施方案的时间表和责任人，建立监测评估机制，确保实施效果的可持续性和持续改进。

最后，通过实践方案的实施和效果评估，不断总结经验，优化方案，推动纺织服装产业的绿色转型，实现产业的可持续发展目标。

第三节 | 研究方法与数据来源

一、文献综述与案例分析

文献综述与案例分析在研究纺织服装产业绿色发展方面扮演着重要角色。

首先，文献综述是对已有研究成果和理论观点进行梳理和分析的过程。通过检索学术期刊、研究报告以及相关网站，可以了解绿色发展的基本概念、内涵以及发展历程。这些文献资料提供了理论框架和理念，为后续研究提供了基础和指导。同时，文献综述还能帮助研究者了解国内外在纺织服装产业绿色发展方面的最新进展和研究热点，为研究提供前沿性的理论支持。

其次，案例分析则是通过深入分析国内外相关案例，探讨成功的经验和失败的教训，总结关键问题和影响因素。通过对案例的分析，可以深入了解不同企业在绿色发展方面的实践经验，发现行业内的优秀典范和不足之处。这些案例分析为研究者提供了宝贵的实践经验和借鉴，可以帮助他们更好地理解绿色发展的具体内容和实施路径。

综合文献综述和案例分析，可以为纺织服装产业绿色发展提供全面深入的理论支持和实践经验。通过系统地梳理和分析文献资料，研究者可以建立起对绿色发展的深刻理解和认识；而通过深入分析案例，可以获取丰富的实践经验和案例资料，为产业转型提供具体的操作指南和实践路径。因此，文献综述与案例分析在绿色发展研究中具有重要的意义，为产业的可持续发展提供了理论支持和实践指导。

二、实地调研与数据采集

实地调研与数据采集是研究纺织服装产业绿色发展的重要步骤，通过实地走访、观察和问卷调查等方式，可以深入了解企业的实际情况和相关问题，为研究提供客观的数据支撑和实践基础。

实地调研可以帮助研究者深入了解纺织服装企业的生产现状和运营情况。通过与企业管理者、技术人员和员工进行面对面的交流，可以了解到他们对绿色发展的认知、态度和实际行动，以及企业在绿色转型方面所面临的问题和挑战。通过实地调研获取的信息将为后续研究提供重要的实证数据和案例材料。

通过问卷调查等方式，可以获取更广泛的样本数据，从而量化研究对象的态度和看法。问卷调查可以覆盖更多的企业和从业人员，帮助研究者全面了解产业的整体情况和发展趋势。通过问卷调查收集到的数据将为研究提供更加客观的统计分析基础，为研究结论的得出提供可靠的依据。

综合实地调研和数据采集，可以获取丰富的实证数据和案例材料，为研究纺织服装产业绿色发展提供重要的理论支持和实践基础。这些数据和信息将有助于研究者深入分析产业的现状和问题，为产业转型提供具体的操作指南和实践路径，促进产业的可持续发展。

三、统计分析与专家访谈

统计分析和专家访谈是深入研究纺织服装产业绿色发展的重要方法，采取这些手段可以深入挖掘数据背后的规律和专业见解，为研究问题提供更加全面和深入的理解。

统计分析是对收集到的数据进行整理、分析和归纳的关键步骤。采用描述性统计方法，可以对数据进行基本的描述和概括，如平均值、标准差、频数分布等，从而揭示数据的基本特征。此外，还可以进行相关分析和回归分析，探究不同变量之间的关系和影响，进一步理解绿色发展的关键因素和影响机制。通过统计分析，研究者可以量化研究对象的态度、行为和效果，为研究结论的得出提供可靠的依据。

专家访谈是获取行业专家和学者的专业意见和建议的重要途径。通过与行业专家进行深入交流，可以获取他们对于纺织服装产业绿色发展的深刻见解和实践经验，从而加深对研究问题的理解和认识。专家访谈还可以帮助研究者发现问题的新视角和解决方案，提高研究的可信度和学术价值。专家的意见和建议可以为研究提供新的思路和方法，拓展研究的深度和广度。

综上所述，统计分析和专家访谈是研究纺织服装产业绿色发展的重要方法，它们相结合可以为研究问题提供全面、深入的理解，为产业转型提供更加科学和有效的理论指导和实践路径。

第二章

纺织服装产业绿色发展概述

••• 第一节

　　绿色产业发展概念解析

••• 第二节

　　产业发展对环境的影响

••• 第三节

　　绿色发展趋势与机遇

第一节 | 绿色产业发展概念解析

一、绿色产业的定义与范畴

(一) 绿色产业的定义

绿色产业是指在生产和经营过程中，注重最大限度地减少对环境的负面影响，并且在经济上具备竞争力的产业。其核心理念是可持续发展，即在满足当前社会经济需求的同时，不损害未来世代满足需求的能力。这一概念的提出源于对传统产业模式的反思，以及对环境保护和资源利用的日益关注。绿色产业的发展旨在通过技术创新、管理创新和制度创新，推动产业结构优化，实现生产方式的转型升级，从而在经济增长的同时保护生态环境，促进社会的可持续发展。

绿色产业的定义强调了在生产和经营活动中采取环保措施的重要性。这包括减少对自然资源的消耗，减少能源的使用，减少废物和污染物的排放等方面。绿色产业还强调了经济竞争力的重要性，即绿色产品和服务在市场上具有竞争力，并且能为企业带来盈利。同时，绿色产业还强调了可持续发展的理念，即生产和经营活动应该考虑到对未来世代的影响，以确保资源的可持续利用和生态环境的持续改善。

在当前全球环境问题日益严峻的背景下，绿色产业的发展已经成为各国政府和企业关注的重要议题。通过推动绿色产业的发展，可以有效应对气候变化、资源短缺、环境污染等挑战，促进经济的可持续增长和社会的可持续发展。因此，绿色产业的发展对于实现全球可持续发展目标具有重要意义，也是未来产业发展的主要方向之一。

(二) 绿色产业的范畴

绿色产业的范畴广泛，涵盖了多个行业和领域，包括但不限于以下五个方面。

1. 清洁能源

清洁能源是绿色产业中的重要组成部分，主要包括太阳能、风能、水能等可再生能源，以及地热能、生物质能等。清洁能源的开发和利用有助于减少对化石能源的依赖，减少温室气体排放，保护环境和气候。

2. 环保技术

环保技术涵盖了废物处理、污水处理、大气污染防治、环境监测等领域的技术和设备。这些技术可以有效地减少污染物的排放和对环境的损害，提高环境质量，保护生态系统的健康。

3. 可再生资源利用

可再生资源利用是指将生物质能源、废弃物资源等再生资源转化为能源或者其他有价值的产品的产业。这包括生物质能源利用、废弃物资源化利用、循环经济等方面的产业，有助于减少资源的消耗和减轻对环境的压力。

4. 绿色建筑和节能环保

绿色建筑和节能环保产业致力于采用节能环保材料和技术，以及绿色设计理念建造建筑和城市。这些建筑和城市具有较高的能源利用效率和环境友好性，有助于减少能源消耗和碳排放，改善居住环境。

5. 生态旅游和环保服务

生态旅游和环保服务产业是以生态保护和环境友好为主题的旅游业和相关服务业。这些产业注重保护自然环境、文化传承和社区发展，通过生态旅游和环保服务，可以促进当地经济发展，提高居民生活水平，同时保护生态环境的完整性。

二、绿色产业的特征与标准

（一）绿色产业的特征

绿色产业具有以下三个主要特征。

1. 资源可再生性和可持续利用

绿色产业强调利用可再生资源，减少对非可再生资源的依赖，实现资源的持续利用。绿色产业通过促进可再生能源利用、废弃物资源化利用和循环经济等方式，致力于最大限度地减少对自然资源的消耗，实现资源的有效利用和循环利用，从而实现经济的可持续发展。

2. 环保技术和清洁生产

绿色产业注重采用环保技术和清洁生产方式，以减少对环境的污染和破坏。通过引入先进的环境保护技术和清洁生产工艺，绿色产业可以减少废物和污染物的排放，降低能源和水资源的消耗，从而保护生态环境，改善人类居住环境的质量。

3. 经济效益与社会效益的双赢

绿色产业追求经济效益和社会效益的统一，既实现经济增长，又保护环境和改善人民生活。通过提高资源利用效率、降低生产成本、增加就业机会等方式，绿色产业可以为企业带来经济效益。同时，绿色产业的发展还可以提高环境质量，减少污染物排放，提高人民生活质量，促进社会的可持续发展，实现经济和社会效益的双赢局面。

绿色产业的这些特征使其成为推动经济可持续发展、保护生态环境和促进社会进步的重要力量，具有重要的经济、社会和环境价值。

（二）绿色产业的标准

绿色产业的标准是产业在生产和经营过程中应该遵循的一系列规范和原则，旨在促进产业的可持续发展，保护环境和改善人民生活。以下是对绿色产业标准的详细解析。

1. 资源利用效率高

绿色产业标准首先要求提高资源利用效率，减少资源的浪费。这意味着企业在生产和经营过程中应该充分利用资源，尽量减少资源的消耗和浪费。通过优化生产工艺、提高能源利用率、加强物资循环利用等措施，实现资源的有效利用，最大限度地减少资源消耗和浪费。

2. 产品环保

绿色产业标准要求产品在生产、使用和废弃等环节都要符合环保标准，不对环境造成负面影响。这意味着企业在产品设计、生产和销售过程中应该考虑环境影响，并采取相应的措施减少环境污染。产品的材料选择、生产工艺、包装设计等方面都应符合环保要求，确保产品的生命周期对环境影响最小化。

3. 生产过程清洁

绿色产业标准要求生产过程中减少污染物排放，采用清洁生产技术和设备。这意味着企业在生产过程中应该控制废气、废水和固体废物的排放，减少对大气、水体和土壤的污染。通过改善生产工艺、加强环境监测和治理设施建设等措施，降低生产过程对环境的负面影响，维护生态环境的健康和稳定。

4. 社会责任意识强

绿色产业标准要求企业承担社会责任，关心员工福利，积极参与社会公益事业。企业应该遵守法律法规，尊重员工权益，注重环境保护和社会责任，为社会和谐稳定做出积极贡献。这包括关注员工的安全和健康，提供良好的工作环境和福利待遇，同时积极参与社会公益活动，回馈社会，促进社会的可持续发展。

这些标准对于绿色产业的发展起到至关重要的作用，有助于引导企业走向环保、可持续发展的道路，实现经济、社会和环境的协调发展。

第二节 ｜ 产业发展对环境的影响

绿色产业对环境的影响是一个关乎全球可持续发展的重要议题，它既面临环境污染和资源枯竭的挑战，也拥有改善环境的潜力和作用。

一、环境污染与资源耗竭的挑战

（一）传统产业的影响

1. 能源消耗和污染物排放

传统产业的发展模式往往伴随大量的能源消耗和污染物排放，这种情况在纺织服装产业尤为突出。纺织服装产业是一个典型的能源密集型产业，其生产过程中通常涉及大量的化学物质使用以及废水、废气的排放。纺织服装生产过程中广泛使用的化学物质，如染料、助剂等，不仅在生产过程中大量消耗能源，而且在使用后往往以废水和废气的形式排放到环境中。这些废水和废气中含有的有机物、重金属等有害物质，会对水资源、土壤和空气等环境要素造成直接或间接的污染和破坏。例如，废水中的有机物和重金属污染会导致水体富营养化、水质恶化，对水生生物和生态系统造成危害；废气中的挥发性有机物和颗粒物则会导致空气质量下降，对人类健康产生不良影响。

这种能源消耗和污染物排放的现象，严重加剧了环境污染和生态破坏。特别是在纺织服装产业这样大规模的生产过程中，废水和废气的排放量巨大，对周围环境产生的影响不容忽视。水资源、土壤和空气等环境要素持续受到污染和破坏，给生态系统带来了极大的压力，影响了生态平衡和生物多样性。同时，这些污染物的排放也对人类社会造成直接的健康风险，尤其是生活在污染源附近的居民和工人群体，他们长期暴露于污染环境中，易患呼吸系统疾病、皮肤病等健康问题。

2. 水资源和土壤污染

纺织服装产业的生产过程中，大量的废水排放含有有机物、重金属和其他污染物，这些污染物直接排放到水体中，导致水资源遭受污染和破坏。废水中的有机物和重金属等有害物质对水体生态系统造成直接危害，影响水生生物的生存和繁衍，破坏水体的生态平衡。这种污染不仅影响了水体的自然功能，还威胁了人类饮水安全和生态环境的可持续性。

除了对水资源的污染，纺织服装产业的废水排放也会导致土壤的污染。废水中的有害物质渗入土壤后，对土壤的质量产生不利影响，破坏了土壤的结构和生态功能。这些有害物质会影响土壤中微生物的生存繁殖，降低土壤的肥力和抗逆性，进而影响农作物的生长和产量。此外，土壤污染还可能导致土壤中的有毒物质被农作物吸收，从而影响食物链的安全性，对人类健康产生潜在威胁。

3. 空气污染和健康问题

传统产业的燃烧过程和排放物释放是空气污染的重要来源之一。在纺织服装产业中，燃烧煤炭、石油和天然气等能源，以及生产过程中释放的挥发性有机物等，都会排放大量的有害气体和颗粒物。这些排放物中包括二氧化硫、氮氧化物、挥发性有机化合物和颗粒物等，它们会与大气中的其他物质相互作用，形成臭氧、硫酸雾、酸雨等，进而影响周围地区的空气质量。

长期暴露于污染空气中会对人类健康造成严重威胁。空气污染中的有害气体和颗粒物会被人体吸入，导致各种呼吸系统疾病。此外，有害气体还可能进入血液循环系统，影响心血管系统的正常功能，增加心血管疾病的发生风险。除了直接影响呼吸系统和心血管系统外，空气污染还与神经系统疾病、癌症、胎儿发育异常等健康问题密切相关。

（二）资源耗竭的挑战

1. 能源压力增加

传统产业的大量资源消耗不仅加剧了环境污染和生态破坏，也直接导致了能源压力的增加。其中，对不可再生能源的过度依赖尤为突出，特别是化石能源的消耗。化石能源，如煤炭、石油和天然气，一直是传统产业主要的能源来源，但其开采和使用过程会释放出大量的二氧化碳等温室气体，加速全球气候变化的进程。同时，随着全球经济的不断增长和人口的持续增加，对能源的需求也在不断上升，使得能源资源的消耗呈现不可持续的趋势。

这种能源压力的增加不仅表现在能源资源的消耗上，还体现在能源供应的不稳定性和紧张性上。由于能源资源的有限性和分布不均衡性，一些地区面临能源短缺和供应紧张的问题。此外，国际能源市场的波动和地缘政治因素的影响也会对能源供应产生影响，进一步加剧了能源压力的紧迫性。

能源压力的增加对经济、社会和环境都带来了严重的挑战。能源供应的不稳定性不仅会影响产业生产和民生需求，还可能引发能源安全危机，对国家的经济发展和社会稳定造成严重影响。同时，过度依赖化石能源也加剧了全球气候变化和环境污染问题，威胁着生态系统的稳定性和人类的健康。因此，为了应对能源压力的增加，需要加强能源资源的合理利用和开发，推动能源结构的转型升级，促进可再生能源和清洁能源的发展和利用，实现经济的可持续发展和环境的良性循环。

2. 非可再生资源的过度开采

为满足产业发展的需求，传统产业常常采取过度开采非可再生资源的方式，如矿产资源和森林资源等。这种开采行为对地球自然资源造成了严重损害，引发了多方面的问题和挑战。

（1）过度开采非可再生资源导致了资源的枯竭和耗尽。矿产资源、森林资源等是地球上有限的资源，一旦被过度开采，很难进行有效的补充和恢复，造成了资源供应的不足和匮乏。这不仅会限制产业的可持续发展，还会影响国家和地区的经济发展和社会稳定。

（2）过度开采非可再生资源引发了生态环境的恶化和对生态系统的破坏。森林资源的过度砍伐导致了森林覆盖率的下降，矿产资源的开采则会破坏原生态环境，损害生物多样性和生态平衡。这些行为不仅影响了自然生态系统的稳定性，还会影响人类的生存和发展。

（3）过度开采非可再生资源也会导致环境污染和生态灾害的发生。矿产资源的开采过程中常常伴随着大量的废弃物和污染物的排放，造成对土壤、水体和空气的污染，引发生态灾害和环境问题，威胁着人类健康和生存环境。

3. 可持续发展面临挑战

可持续发展面临着来自传统产业资源耗竭趋势的重大挑战，这一现象对人类社会的长期发展构成了严峻的威胁。资源的过度消耗和开采不仅影响了自然环境的稳定，也会对未来世代的生存和发展造成深远的影响，加剧了发生生态危机和资源危机的风险。

（1）资源的过度消耗使自然环境承受了巨大的压力。传统产业长期以来对能源、矿产、水资源等非可再生资源的过度开采，导致了这些资源的日益枯竭，从而削弱了自然环境的生态功能和稳定性。矿产资源的枯竭、森林资源的减少以及水资源的稀缺，都对地球生态系统的健康造成了严重威胁。

（2）资源的过度开采加剧了生态系统的脆弱性。生态系统对资源的过度利用和破坏反应迅速，导致了生态系统的退化和灭绝。这不仅影响了生物多样性，也削弱了生态系统抵御灾害的能力和适应能力，进一步加剧了生态危机发生的风险。

（3）资源的过度消耗也加剧了社会和经济的不稳定性。资源的匮乏导致了资源价格的波动，增加了产业生产成本，提高了商品价格，进而影响了全球经济的稳定。资源匮乏还可能导致资源之间的竞争和冲突，进一步加剧部分国家和地区政治紧张局势。

二、绿色产业对环境改善的作用

绿色产业对环境的改善作用体现在多个方面，包括引入清洁生产技术、推广循环经济模式以及推广绿色能源利用等方面。

（一）引入清洁生产技术

1. 减少污染物排放

绿色产业在减少污染物排放方面发挥了重要作用，通过倡导并采用清洁生产技术，实现了对传统生产方式中污染物排放的有效控制。清洁生产技术的应用涉及环保的生产工艺和技术，其主要目标是减少废气、废水和固体废弃物的排放量，从而减少对大气、水体和土壤等环境要素的污染。

在减少废气排放方面，绿色产业采用了一系列技术手段。

（1）污染物净化技术。采用各种空气污染物净化技术，如除尘、脱硫、脱硝等，可以有效地减少燃烧过程中产生的废气中的污染物含量，降低对大气环境的影响。

（2）高效燃烧技术。通过优化燃烧过程和提高燃烧效率，可以减少燃烧产生的废气排放量。采用高效的燃烧设备和控制技术，可以最大限度地利用燃料能量，减少污染物的生成。

（3）替代能源利用。绿色产业还积极推广替代能源的利用，如使用天然气、生物质能源等清洁能源替代传统的煤炭和石油等化石能源，从而减少燃烧过程中产生的污染物排放。

在减少废水排放方面，绿色产业采用了一系列废水处理技术和管理措施。

（1）先进废水处理技术。采用先进的废水处理技术，如生物处理、膜分离、化学沉淀等，可以有效地去除废水中的有机物、重金属等污染物，降低排放的水质污染程度。

（2）循环利用和资源化处理。通过对废水进行循环利用和资源化处理，可以最大限度地减少废水的排放量，实现废水资源的有效利用，降低对水资源的消耗。

在减少固体废弃物排放方面，绿色产业采取了一系列措施。

（1）资源化利用。将生产过程中产生的固体废弃物进行分类、回收和再利用，将其作为原料进行再加工或者转化为能源等，减少了对自然资源的消耗，降低了固体废弃物的排放量。

（2）减量化和无害化处理。通过减少生产过程中产生的固体废弃物量，采取有效的处理技术和措施，将固体废弃物转化为无害的产品或者物质，减少了对环境的污染。

2. 资源有效利用

清洁生产技术在减少污染物排放的同时，也能够有效提高资源的利用效率，从而实现资源的有效利用和节约。绿色产业通过优化生产流程和提高能源利用率，实现了资源的有效利用，为可持续发展和环境保护作出了积极贡献。

第一，绿色产业采用了先进的生产技术和设备，通过优化生产流程和提高能源利用率，实现了资源的高效利用。例如，在生产过程中引入节能设备和智能控制系统，最大限度地利用能源，减少能源消耗。同时，采用高效的生产工艺和技术，降低了原材料的使用量，减少了资源浪费，提高了资源利用效率。

第二，绿色产业倡导循环经济模式，通过将废弃物转化为资源再利用，实现了资源的再生利用和循环利用。例如，采用废物回收再利用技术，将生产过程中产生的废弃物进行分类、回收和再加工，再次利用于生产过程中，降低了对原材料的需求，减少了资源消耗。同时，采用废物资源化处理技术，将废弃物转化为能源或者其他有价值的物质，实现了资源的再生利用，减少了对自然资源的开采和消耗。

第三，绿色产业还注重产品的设计和制造，推动产品的绿色化和轻量化，减少了产品的材料和能源消耗，提高了产品的资源利用率。通过优化产品设计，减少了废弃物的生成，延长了产品的使用寿命，实现了资源的有效利用和节约。

3. 降低生产成本

清洁生产技术的应用不仅有助于环境保护，还能够有效降低企业的生产成本，从而提高经济效益和竞争力。通过降低废物处理和环境治理成本，绿色产业在降低生产成本方面发挥了重要作用。

第一，清洁生产技术的采用可以减少废物处理成本。传统生产方式中，由于排放的废物含有大量有害物质，企业需要投入大量资源用于废物的处理和治理，包括废水处理、废气治理等环保设施的建设和运行成本。而清洁生产技术的应用能够有效降低污染物排放量，减少了对废物处理设施的依赖，从而节约了废物处理成本。

第二，清洁生产技术的采用还可以降低环境治理成本。传统生产方式中，由于环境污染的治理费用较高，企业需要投入大量资源用于环境治理和修复工作，如土壤修复、水体净化等。而清洁生产技术的应用能够有效减少污染物的排放，降低了环境治理的难度和成本，从而降低了企业的环境治理成本。

第三，清洁生产技术的应用还能够提高生产效率和资源利用率，进一步降低了生产成本。通过优化生产流程和提高能源利用率，绿色产业能够降低生产过程中的能源消耗和原材料使用量，降低了生产成本。同时，采用循环经济模式，将废弃物转化为资源再利用，也能够降低企业的原材料采购成本，提高了资源利用效率，降低了生产成本。

（二）推广循环经济模式

1. 资源再利用

循环经济模式作为绿色产业的核心理念之一，旨在最大限度地减少对自然资源的消耗和浪费，通过将废弃物转化为资源再利用来实现资源的有效利用和循环利用。这一模式的实施在很大程度上改变了传统的线性经济模式，即将"采购—生产—消费—丢弃"的模式，转变为循环往复的"生产—使用—回收再利用—再生产"的模式，从而有效地减少了资源的消耗和对环境的负面影响。

通过循环经济模式，废弃物被视为资源的再利用机会，而非简单的废弃物，促使企业和社会更加注重资源的回收和再利用。例如，废弃的纺织品可以被重新加工成再生纤维，用于生产新的纺织品，废旧金属可以被回收再生，用于制造新的产品，废弃的塑料瓶可以被回收再加工，用于生产新的塑料制品，这些都是循环经济模式的典型应用。

循环经济模式的实施不仅可以减少对自然资源的需求和开采，降低了生产成本，还有助于减少废弃物的产生，减少了环境污染和资源浪费。通过循环经济模式，废弃物得到有效利用，延长了资源的使用寿命，提高了资源的利用效率，从而促进了绿色产业的可持续发展。

此外,循环经济模式的实施还有助于形成良性的产业生态系统,促进产业链上下游企业之间的协同发展。废弃物的再利用和资源的循环利用为企业提供了新的商机和发展空间,推动了整个产业向着更加环保、低碳、可持续的方向发展。

2. 减少废弃物排放

推广循环经济模式对于减少废弃物排放具有显著的作用。通过将废弃物进行回收、再利用和再循环,绿色产业能够有效降低废弃物对环境的影响,减少了对土壤、水体和空气等环境要素的污染和破坏,从而改善了环境质量。

循环经济模式的核心理念是将废弃物视为资源的再利用机会,通过循环再利用的方式实现废弃物的资源化利用。这种模式下,废弃物不再是简单的"垃圾",而是被重新定义为可以再次利用的资源。例如,废旧纸张可以被回收再造成新的纸张产品,废弃塑料可以被回收再加工成新的塑料制品,废弃金属可以被回收再熔铸成新的金属产品,等等。

通过推广循环经济模式,绿色产业实现了废弃物资源的再利用和循环利用,降低了对自然资源的消耗,减少了废弃物的排放。这不仅有利于缓解资源短缺和环境污染的问题,也有助于提高资源利用效率,降低了生产成本,促进了绿色产业的可持续发展。

此外,循环经济模式的推广还能够促进企业的创新和技术进步。通过寻找废弃物的再利用途径,企业不仅可以减少生产过程中的资源消耗和废物排放,还能开发新的产品和技术,提升企业的竞争力和可持续发展能力。

(三)推广绿色能源利用

1. 减少对化石能源的依赖

绿色产业在推广绿色能源的利用方面发挥了重要作用,其中包括太阳能、风能等可再生能源的开发和利用。通过减少对化石能源的依赖,绿色产业有效地降低了能源消耗的碳排放,从而减缓了气候变化的速度,改善了环境质量。

太阳能和风能是目前绿色产业主要推广的可再生能源。太阳能光伏技术利用太阳辐射,将其转化为电能,而风能则是通过风力发电技术将风能转化为电能。这些技术的广泛应用减少了对化石能源的需求,降低了煤炭、石油和天然气等传统能源资源的开采压力,从而减少了对环境的破坏。

减少对化石能源的依赖不仅有助于减少温室气体的排放,减缓气候变化的影响,还有助于改善空气质量和减少大气污染物的排放。燃烧化石能源产生的二氧化碳、二氧化硫和氮氧化物等有害气体是造成大气污染和酸雨的主要原因之一。通过推广绿色能源的利用,可以有效减少这些有害气体的排放,改善大气环境,保护人类健康。

此外，绿色能源的利用还有助于促进经济的可持续发展。与传统能源相比，绿色能源的开发和利用具有更低的碳排放和更稳定的价格，有助于提高能源的供应安全性，降低能源价格波动带来的经济风险，促进了能源结构的优化和产业结构的升级。

2. 改善大气质量

绿色能源的利用对改善大气质量具有显著的积极影响。相比于传统能源，绿色能源的利用过程中几乎不产生有害气体和污染物的排放，因此能有效降低大气污染物的浓度，改善空气质量，从而保护人类健康。

传统能源的燃烧过程通常伴随着大量的废气排放，其中包括二氧化碳、二氧化硫、氮氧化物等有害气体。这些有害气体不仅会导致大气污染，还会加剧温室效应，加速气候变化的进程。而绿色能源，如太阳能和风能等可再生能源的利用几乎不产生这些有害气体，因此对大气环境的影响极低。

随着绿色能源的推广和应用，传统能源所占比重逐渐下降，大气中有害气体的排放量也相应减少。这意味着空气中的污染物浓度会降低，空气质量得以改善。这对于减少呼吸道疾病、心血管疾病等健康问题具有积极意义，也有助于提高人们的生活质量和生活舒适度。

此外，改善大气质量还有助于保护生态系统的健康。大气污染会导致酸雨的形成，影响土壤的酸碱平衡，对植物生长和土壤生态系统造成不利影响。通过减少大气污染物的排放，可以保护生态系统的稳定性和多样性，维护生态平衡。

3. 促进环境健康和稳定

绿色能源的广泛应用对于促进环境的健康和稳定具有重要意义。

首先，绿色能源的利用能有效减少对生态系统的破坏。相比于传统的化石能源，绿色能源如太阳能、风能等可再生能源的利用过程中几乎不产生污染物排放和温室气体，从根本上降低了对生态环境的影响。化石能源的开采和使用往往伴随着环境破坏和对生态系统的破坏，例如采矿活动导致的土地破坏、水资源污染以及矿产资源枯竭等问题，而绿色能源的利用能有效地减少这些负面影响，有助于维护生态系统的健康和稳定。

其次，绿色能源的利用有助于减缓气候变化，进而促进环境的健康和稳定。化石能源的燃烧释放的大量温室气体是导致全球气候变暖的主要原因之一，而绿色能源的利用则能够有效减少这些温室气体的排放，降低全球气候变暖的速度和程度。通过减缓气候变化，绿色能源有助于维护生态系统的平衡和稳定，降低自然灾害的发生频率和强度，维护环境的健康和稳定。

最后，绿色能源的利用还有助于改善人类生活环境，提升生活质量。传统能源的燃烧释放的污染物会导致空气和水质的恶化，对人类健康产生不良影响，而绿色能源的利用能够减少这些污染物的排放，改善环境质量，为人们提供更加清洁、健康的生活环境。

第三节 | 绿色发展趋势与机遇

一、全球绿色发展趋势分析

（一）政府政策支持

1. 法律法规出台

全球各国政府为了应对日益严峻的环境挑战，纷纷出台了一系列环保法律法规，以规范和引导绿色产业的发展。这些法律法规涵盖了多个方面，旨在保护环境、促进可持续发展，并推动产业向绿色发展转型。

第一，环境保护法是各国政府制定的重要法律之一。这些法律规定了对环境的保护原则、措施和责任，规范了各类环境污染行为的防治和治理。通过环境保护法，政府能够对企业和个人的环境行为进行监管和制约，确保其生产经营活动不会对环境造成过度损害。

第二，资源利用法也是环境保护的重要法律领域之一。这些法律法规规定了对资源的合理利用、开发和保护，旨在确保资源的可持续利用和管理。在绿色产业发展过程中，资源的有效利用是至关重要的，资源利用法的制定有助于规范产业对资源的开发和利用，避免资源过度开采和浪费。

第三，各国还针对具体行业或领域出台了一系列环境保护和绿色发展的专项法律法规。例如，针对纺织服装产业的环保法规规定了对废水、废气、废弃物等的排放标准和处理要求，推动产业向清洁生产和循环经济模式转型。这些专项法律法规的出台，有助于解决特定行业或领域存在的环境问题，促进绿色产业的健康发展。

2. 绿色产业政策

各国政府就绿色产业的发展制定了一系列发展规划和政策，旨在推动经济向着更加环保、可持续的方向发展。这些政策的出台为绿色产业提供了重要的支持和保障，包括财政和税收方面的支持措施。

第一，政府在财政方面采取了多种方式支持绿色产业的发展。例如，政府通过设立专项资金，向绿色产业企业提供补贴和奖励，以鼓励其进行技术创新、推广绿色产品和开展环保项目。此外，政府还可以通过购买绿色产品或服务、向绿色产业企业提供订单等方式，间接支持绿色产业的发展。

第二，税收政策也是支持绿色产业发展的重要手段之一。政府可以通过减免绿色产业企业的税收负担，例如，对环保设备和技术的进口免税或减税，降低企业生产成本，提高其竞争力。同时，政府还可以对绿色产业企业的利润实行税收优惠政策，激励企业增加对环保的投入，促进产业转型升级。

第三，政府还可以通过提供贷款扶持等金融支持措施，帮助绿色产业企业解决资金瓶颈问题，促进其技术创新和生产能力提升。这些贷款通常会配备较低的利率和灵活的还款方式，降低了企业的融资成本，提高了绿色产业企业的发展信心和动力。

3. 减排目标设定

许多国家在应对气候变化和环境污染等全球性挑战时，纷纷设定了减排目标和可再生能源配额，以应对碳排放问题并推动可持续能源的发展。这些减排目标旨在限制温室气体的排放，减缓气候变化的进程，同时降低对环境的负面影响。具体而言，这些目标包括对二氧化碳、甲烷、氧化亚氮等温室气体的减排量设定，旨在实现未来一定时间段内的减排目标。

实施减排政策是达成减排目标的关键手段之一。政府通过制定和实施相关的环保法律法规、排放标准和减排措施，要求企业和工厂减少污染物的排放，加强对环境的保护。这些政策可能涉及对工业、能源、交通等领域的限制和规范，以减少对大气、水体和土壤等环境要素的污染，推动产业向绿色、低碳发展转型。

另一个重要举措是发展可再生能源。政府通过设定可再生能源配额和优惠政策，鼓励企业和个人投资和使用可再生能源，如太阳能、风能、水能等清洁能源。这些可再生能源的利用不仅可以降低对化石能源的依赖，减少温室气体的排放，还能提高能源利用效率，推动能源转型和结构调整。

减排目标的设定和实施不仅有助于改善环境质量，减缓气候变化的进程，还能为绿色产业的发展提供重要支持和推动力。通过引导产业结构调整，促进清洁生产和可持续发展，政府可以推动经济向着更加环保、低碳的方向发展，从而促进经济增长和社会进步。

（二）消费者环保意识提升

1. 环保意识增强

随着全球环境问题的日益突出，人们对环保意识的重视程度不断增强。这种意识的提升源于对环境污染和气候变化等问题的深刻认识，以及对未来生活质量和健康的担忧。在日常生活中，越来越多的人开始关注个人行为对环境的影响，从而积极采取行动保护环境。

一个显著的变化是消费者对产品的环保性能和生产过程的重视程度不断提升。现代消费者更加注重产品的质量和可持续性，他们倾向于选择那些对环境影响较小的产品。这种趋势推动了市场对绿色环保产品的需求增长，也促使企业更加注重产品的环保特性。作为回应，越来越多的企业开始关注自身的社会责任，积极采取措施减少生产过程中的污染和资源消耗，以满足消费者日益增长的环保需求。

另一个体现环保意识增强的方面是公众对环境问题的关注度不断提升。通过社交媒体、网络平台和公众活动等渠道，人们可以更加方便地获取环境保护方面的信息和知识，参与环保运动。这种广泛的关注和参与促使政府和企业更加重视环境保护，加大了环保政策和措施的实施力度。

除了消费者和公众的关注，环保意识的增强还体现在社会各界对环保问题的关注和行动上。从政府层面到企业、学术界、非政府组织等，各个领域都在积极推动环保工作。政府加强环保法律法规的制定和实施，企业加大环保投入和技术创新，学术界开展环保科研和教育，非政府组织环保活动和倡议。这些多方合作的努力共同推动着环保意识的增强和环境保护工作的深入开展。

2. 绿色产品市场需求增长

随着全球环保意识的不断提高，消费者对产品的环保性能和生产过程也日益关注。这种趋势推动了绿色产品市场需求的持续增长。消费者更加注重产品的质量、安全和可持续性，愿意选择那些对环境影响较小的产品，从而促进了绿色产业的发展和壮大。

一方面，消费者对健康和环保的关注度不断提升。随着环境污染和气候变化等问题的日益严重，人们对环境和健康的担忧也在增加。因此，他们更加倾向于选择使用环保材料、清洁生产工艺和可持续生产模式的产品，以降低对环境的负面影响，保护自己和家人的健康。在纺织服装产业中，消费者对使用有机棉、再生纤维等环保材料制造的服装的需求逐渐增加，这为绿色纺织服装市场提供了巨大的发展机遇。另一方面，消费者对企业社会责任的重视也在推动绿色产品市场的发展。现代消费者不仅关注产品的质量和价格，还关注企业的社会责任和环保承诺。他们更愿意选择那些有环保意识、注重可持续发展的企业生产的产品。因此，企业如果能积极响应环保呼声，采取环保措施并进行相关宣传，就能赢得消费者的认可和信赖，提高产品的市场竞争力。

总的来说，消费者环保意识的提升是推动绿色产品市场需求增长的关键因素。随着时间的推移，预计这种趋势将会持续加强，为绿色产业带来更广阔的市场空间和更丰富的发展机遇。因此，企业应该积极抓住这一机遇，加大绿色产品的研发和生产力度，满足消费者日益增长的环保需求，从而实现可持续发展的目标。

二、绿色发展带来的商机与挑战

（一）市场需求扩大

1. 绿色意识普及

随着环保意识的普及和加强，消费者对绿色产品的需求不断增加，这是一个全球性的趋势。环保意识的普及可以归因于多种因素，包括媒体宣传、环保教育和环境问题的日益严重等。随着人们对环境问题和气候变化的关注不断增加，越来越多的消费者开始重视产品的环保、健康和可持续性，因此倾向于选择绿色产品来满足自己的需求。

第一，媒体在普及环保知识和宣传环保理念方面起到了至关重要的作用。各种媒体平台，包括电视、网络、社交媒体等，都在积极地宣传环保信息，教育和引导消费者关注环境问题，增强他们的环保意识。例如，通过播放环保宣传片、发布环保文章和举办环保活动等，媒体能够将环保理念传播到更广泛的群体中，激发人们对环保的兴趣和关注。

第二，环保教育在塑造消费者环保意识方面也起着重要作用。学校、社区组织、非政府组织等机构通过举办环保讲座、开展环保活动和开设环境课程等方式，向公众传授环保知识，培养环保意识。这种教育不仅能提高人们对环境问题的认识，还能激发他们主动采取环保行动的积极性，从而促进了绿色意识的普及和加强。

第三，环境问题日益严重也是促使人们环保意识普及的重要原因之一。随着工业化和城市化进程的加快，环境污染、资源浪费和生态破坏等问题日益突出，给人们的生活和健康带来了严重威胁。因此，越来越多的人开始意识到保护环境的重要性，积极参与到环保活动中来，选择购买环保产品，以减少对环境造成的负面影响。

2. 环保产品受欢迎

绿色产品在当今社会受到越来越多消费者的青睐，其环保、健康和可持续的特点成为消费者选择的重要因素。在纺织服装产业中，采用环保材料制造的服装备受欢迎，这一趋势在近年来日益明显，开拓了新的市场空间。

第一，绿色产品因其对环境的友好性而备受消费者欢迎。环保材料，如有机棉、再生纤维等，不仅在生产过程中减少了化学品的使用，还能减少对土壤、水资源等环境的污染。因此，消费者愿意选择使用这些材料制造的服装，以减少对环境造成的负面影响，同时也展现了对环境保护的支持。

第二，健康因素也是消费者选择绿色产品的重要考量之一。传统纺织服装中可能存在的化学残留物和有害物质会对人体健康造成潜在威胁，而采用环保材料制造的服装则大大降低了这种风险。消费者越来越重视自己和家人的健康，因此更倾向于选择健康、无害的绿色产品。

第三，可持续性也是绿色产品备受青睐的重要原因之一。随着人们对资源的关注不断增加，他们更加关注产品的可持续性，即产品的生命周期内对资源的消耗和环境的影响。采用环保材料制造的服装具有更低的生产成本、更高的再生利用率和更长的使用寿命，因此更符合消费者对可持续发展的追求。

3. 市场空间扩展

随着消费者对绿色产品的需求不断增加，绿色产业的市场空间正在迅速扩展。这一趋势源于消费者对环保、健康和可持续发展的日益关注，以及对传统产品的环境影响和健康风险的认识。在这种背景下，企业可以通过开发绿色产品线来满足消费者的需求，从而拓展自身的市场份额，并实现持续发展的目标。

第一，随着消费者环保意识的提升，绿色产品的市场需求不断增加。消费者越来越重视自己的生活方式对环境的影响，因此更倾向于购买绿色环保的产品。这种消费趋势推动了绿色产品市场的快速增长，为企业提供了广阔的发展空间。

第二，随着健康意识的提升，消费者对产品的健康性能要求也越来越高。传统产品中可能存在的化学残留物和有害物质对人体健康构成潜在威胁，而绿色产品采用环保材料制造，大大降低了这种风险，受到消费者青睐。因此，企业通过提供绿色健康的产品，可以吸引更多消费者，从而扩大市场份额。

第三，随着社会对可持续发展的追求，消费者对产品的可持续性也越来越重视。绿色产品通常具有更低的生产成本、更高的再生利用率和更长的使用寿命，因此更符合消费者对可持续发展的追求。企业可以通过开发符合可持续发展理念的绿色产品，来满足消费者的需求，从而拓展市场份额，实现长期的发展目标。

（二）技术创新与成本压力

1. 技术创新驱动

（1）引入清洁生产技术。绿色产业需要不断引入清洁生产技术，以减少生产过程中对环境的污染。清洁生产技术包括高效节能的生产设备、环保型的生产工艺以及循环利用废物的技术。通过这些技术的应用，企业可以降低能源消耗、减少废物排放，并提升生产效率，从而实现生产过程的环保化和可持续发展。

（2）研发绿色材料。绿色产业需要积极研发和应用绿色材料，以替代传统的化学合成材料和有毒材料。这些绿色材料通常是可再生资源的利用或者是通过生物降解的方式减少对环境的影响。例如，可再生的植物纤维材料、可生物降解的塑料等，都是绿色产业的重要发展方向。通过引入绿色材料，企业可以改善产品的环保性能，提高产品的市场竞争力。

2. 成本压力挑战

（1）高成本的绿色技术应用。尽管绿色技术的应用可以带来环保效益，但其研发和应用往往伴随着较高的成本。企业需要投入大量的资金用于研发新技术、购买清洁生产设备以及培训员工等方面。这些高成本对企业的资金流和盈利能力造成了一定程度的压力。

（2）生产成本的增加。在纺织服装产业中，引入环保生产工艺和材料可能会增加生产成本。例如，采用有机棉等绿色原料可能比传统化学纤维更昂贵，清洁生产技术的应用可能需要额外的设备投资和能源成本。这些增加的生产成本对企业的盈利能力和市场竞争力构成了挑战。

3. 成本与效益平衡

（1）寻找技术与成本的平衡点。企业需要在技术创新和成本控制之间寻求平衡，以实现绿色发展的目标。通过技术创新，企业可以提高产品的环保性能和生产效率，从而降低生产成本并提升产品竞争力。同时，企业也需要审慎评估技术投入和预期收益之间的关系，找到适合自身发展的技术与成本平衡点。

（2）政府政策支持。政府可以通过财政和税收等政策手段，降低企业的绿色转型成本，从而促进绿色产业的健康发展。例如，政府可以提供税收优惠、补贴和贷款扶持，以鼓励企业投资绿色技术和清洁生产设备。此外，政府还可以通过制定环保法律法规和标准，规范绿色产业的发展，保障企业的合法权益，推动绿色产业向着可持续发展的方向前进。

第三章

纺织服装产业绿色供应链管理及质量控制

● ● ● 第一节

绿色供应链管理理论与质量管理原则

● ● ● 第二节

基于绿色发展的供应链改进策略

● ● ● 第三节

绿色供应链在纺织服装产业中的应用与挑战

第一节 | 绿色供应链管理理论与质量管理原则

一、供应链管理概述

（一）供应链的概念

供应链（Supply Chain，SC）的概念最早于20世纪80年代提出，并随着全球化的发展逐渐引起人们的关注和研究。在供应链管理理论和实践的探索中，不同研究者从不同的角度对供应链进行了解释和定义。早期对供应链的认识主要局限于企业内部的操作层面，将其视为制造企业内部将原材料通过生产转换和销售活动传递到最终用户的一个过程。然而，随着时间的推移和全球化进程的深入，人们开始意识到供应链不仅是企业内部的一个过程，而是一个涉及整个价值链的复杂网络系统。

从20世纪80年代以后，人们逐渐将供应链定义为一个从原材料采购、生产、分销、零售直至最终用户的全过程。美国学者史迪文斯（Stevens）提出的定义是典型代表，他将供应链视为一个增值的过程和分销渠道控制的链条，涵盖了从供应商到用户的全过程。这一定义强调了供应链中不同企业间的制造、组装、分销等活动，将原材料转换成最终产品并交付给用户的全过程。

当前，对供应链的定义更加注重围绕核心企业的网链关系，将供应链视为一个由一系列单元组成的网络，包括供应商、制造商、运输商、分销商、客户和最终消费者等。这一网络成功地将原材料转变为最终产品并交付给客户和消费者。哈里森（Harrison）等学者认为，供应链是执行采购、生产、销售等功能的网络链结构，强调了供应链的战略伙伴关系。

（二）供应链的特征

1. 复杂性

供应链的复杂性主要体现在多层级结构、多节点参与以及跨地域性等方面。现代供应链通常涉及原材料供应商、制造商、分销商、零售商以及最终消费者等多个层级，每个层级又可能包含多个企业，这使供应链的结构比单个企业的结构更加复杂。特别是在全球化背景下，许多企业的供应链跨越多个国家，涉及不同的文化、法律、语言等因素，进一步增加了供应链管理的复杂性。例如，某一电子产品的制造供应链可能涉及中国的零部件供应商、美国的技术提供商、日本的材料供应商以及欧洲的市场分销商。这种供应链需要处理不同国家的法律法规、关税政策、文化差异和语言障碍，这对企业的供应链管理提出了极高的要求。此外，供应链中的各个节点之间的信息流、物流和资金流也增加了管理的复杂性。企业必须通过高效的信息系统和协调机制，确保供应链各个环节的顺畅运作和信息共享，以应对全球市场的竞争和变化。

2. 动态性

供应链的动态性反映在其需要不断适应市场需求变化和技术进步的能力上。市场需求的变化、技术的快速更新、竞争格局的不断调整都要求供应链具备高度的灵活性和适应性。供应链中的每个节点企业都需要根据市场需求的变化动态地调整自己的策略和措施，以确保供应链的整体协调和高效运作。例如，当市场需求突然增加时，供应链需要快速响应，增加生产和供应能力，以满足市场需求；当市场需求下降时，供应链又需要及时调整，减少库存和生产，避免资源浪费和成本增加。同时，技术的不断进步也要求供应链具备动态调整的能力。新技术的应用可以显著提升供应链的效率和竞争力，如物联网、大数据分析和人工智能等技术的应用，能够帮助企业实现供应链的实时监控、智能优化和预测分析。此外，供应链的动态性还体现在对突发事件和风险的应对能力上，如自然灾害、政治动荡、市场波动等，企业需要具备快速响应和调整的能力，以确保供应链的稳定和连续性。

3. 交叉性

供应链的交叉性体现在各个企业之间形成的相互依存的合作关系。供应链中的企业不仅是某一条供应链的成员，还可能是其他供应链的成员，形成了复杂的交叉结构。这种交叉性增加了供应链管理的难度，需要企业协调处理不同供应链之间的关系，确保整体运作的顺畅。例如，一个零部件供应商可能同时为多个制造商提供产品，这些制造商可能属于不同的供应链，甚至是竞争对手。在这种情况下，供应商需要平衡不同客户的需求和优先级，合理安排生产和配送，避免资源冲突和服务质量下降。同时，供应链交叉性还意味着企业需要处理更多的合作关系和利益冲突，确保供应链各个环节的协同合作和利益平衡。例如，在全球供应链中，不同国家和地区的供应链成员可能会因为文化差异、利益分配等问题而产生冲突，企业需要通过有效的沟通和协商，建立信任和合作关系，确保供应链的整体效率和稳定性。此外，交叉性还要求企业具备强大的信息整合和分析能力，通过共享和整合供应链信息，实现供应链的全局优化和协同管理。

二、绿色供应链管理的理论基础

（一）绿色供应链管理概念

绿色供应链管理是纺织服装产业中的重要管理理念，它的概念起源于对环境保护、资源利用效率和社会责任的日益关注。在纺织服装产业中，绿色供应链管理旨在在整个供应链的各个环节中考虑环境因素，以减少对环境造成的负面影响，提高资源的有效利用率，从而实现可持续发展的管理目标。从原材料采购到生产加工、运输物流再到产品销售，绿色供应链管理贯穿了整个产业链的各个环节，旨在促使企业以环保的方式生产和经营。在实践中，绿色供应链管理意味着企业需要采用环保的原材料，优化生产工艺，减少能源消耗，降低废弃物排放，并通过绿色运输和包装等方式降低环境污染。此外，绿色供应链管理还强调了企业社会责任，要求企业在经营过程中关注员工福利、社会公益事业和公平交易等方面的问题。通过推动整个产业链的绿色化转型，纺织服装产业可以实现对环境友好的生产和经营，为可持续发展作出积极贡献。

（二）绿色供应链管理原则

1. 减少污染

减少污染是绿色供应链管理的核心目标之一。企业应从多个方面入手，全面减少生产和运营过程中对环境造成的负面影响。首先，选择符合环保标准的原材料，如有机棉、再生纤维等，以降低生产过程中对自然资源的破坏和污染。例如，采用有机棉生产的服装，不仅减少了化学农药和化肥的使用，还减少了对水资源的污染和浪费。其次，企业应努力减少或替代有害化学品的使用。通过采用更环保的生产工艺和技术，如绿色化学品、生物基材料等，可以有效降低化学品使用量，减少对水体和土壤的污染。此外，优化生产工艺也是减少污染的重要举措。企业可以通过引入清洁生产技术和高效节能设备，减少生产过程中产生的废气、废水和固体废弃物，降低对环境的负荷。例如，采用无水染色技术，可以显著减少染色过程中的废水排放，进而降低水资源消耗和污染。

2. 降低能源消耗

降低能源消耗不仅有助于减少碳排放，缓解气候变化，还能显著降低企业的运营成本。首先，企业应选择符合节能环保标准的生产设备和工艺，如高效节能电机、节能灯具等，以降低能源消耗。采用先进的节能技术，如余热回收技术、能量管理系统等，可以有效减少能源的浪费，提高能源利用效率。例如，纺织企业可以通过改进纺纱和织布工艺，减少能源的使用，同时提高产品质量。其次，在生产过程中，企业应加强对能源的管理和监控，从而避免不必要的能源浪费。通过合理安排生产计划，避免生产过程中的空转和待机，最大限度地提高能源利用效率。此外，企业还可以通过推广绿色办公和节能意识，鼓励员工节约用电、用水，共同推动能源消耗的降低。

3. 促进再生利用

促进再生利用是实现资源循环利用和减少环境负荷的重要途径。企业应建立废弃物料回收利用体系，将生产过程中产生的废弃物料进行分类、回收和再利用。例如，纺织企业可以回收废旧布料，经过清洗、消毒和再加工后，重新用于生产新产品，以减少对原材料的依赖和环境的污染。推行产品再制造也是促进再生利用的重要措施。企业可以将废弃产品进行修复和再加工，延长产品的使用寿命，减少资源浪费和环境负荷。例如，电子产品制造商可以通过产品再制造，将回收的旧设备重新翻新和升级，重新投放市场，实现资源的循环利用。此外，企业还可以通过创新的商业模式，如产品租赁、共享经济等，推动资源的高效利用和再生利用，促进经济的可持续发展。

4. 强化合作伙伴关系

强化合作伙伴关系是实现绿色供应链管理的重要保证。企业应与供应商建立长期稳定的合作关系，共同制订环保标准和措施，推动供应链的绿色化转型。例如，企业可以与供应商签订绿色采购协议，要求供应商提供符合环保标准的原材料和产品，确保供应链的环保性和可持续性。通过与供应商合作，可以共享信息、技术和资源，进而实现供应链的协同发展。例如，企业可以与供应商共同研发环保技术，推广清洁生产工艺，提高整个供应链的环保水平。与客户的合作也至关重要。企业应与客户密切合作，了解客户的需求和偏好，提供符合环保要求的产品和服务。例如，通过与客户合作，企业可以共同推动产品的绿色设计和生产，满足市场需求，提高企业竞争力。此外，企业还可以通过参与行业协会和标准制定，推动整个行业的绿色发展，建立良好的合作关系和行业影响力。

5. 全生命周期管理

全生命周期管理强调企业在产品的整个生命周期中，最大限度地减少对环境的影响。在产品设计阶段，企业应考虑产品的原材料采购、生产、使用和废弃处理等各个环节，设计出环保的产品。例如，在产品设计时，选择可再生材料和可回收部件，减少产品对环境的影响。在生产阶段，企业应采用环保的生产工艺和技术，减少能源消耗和废物排放，提高资源利用效率。例如，采用绿色制造技术和清洁生产工艺，减少生产过程中的污染和浪费。在产品使用和废弃处理阶段，企业应提供使用说明和环保意识教育，引导消费者合理使用和处理产品。例如，提供详细的产品使用指南和回收说明，鼓励消费者将废弃产品送回企业进行回收和再利用，减少环境污染。此外，企业还应建立完善的废弃处理体系，确保废弃产品得到妥善处理和再利用，实现资源的循环利用。

6. 技术创新与持续改进

技术创新是绿色供应链管理的重要驱动力。企业应不断进行技术创新，通过采用先进的环保技术和管理方法，不断提升绿色供应链管理的水平和环保性能。例如，通过引进新的环保技术和工艺，如绿色化学、可再生能源等，可以实现生产过程的绿色化和节能减排。持续改进也是绿色供应链管理的重要内容。企业应建立完善的监测和评估机制，定期对供应链管理进行评估和改进，及时发现问题并采取有效措施加以解决。例如，通过实施环境管理体系（EMS）和绿色供应链评估体系，定期对供应链的环保绩效进行监测和评估，及时发现问题并采取改进措施，不断提升供应链的绿色化水平，实现可持续发展。

7. 社会责任

企业在绿色供应链管理中应注重履行社会责任，关注员工福利和社会公益事业。首先，企业应关注员工的生活和工作环境，提供良好的工作条件和福利待遇，保障员工的权益和健康。例如，通过提供健康保险、职业培训和安全防护措施，提高员工的工作满意度和幸福感。其次，企业应积极参与社会公益事业，回馈社会，承担起应尽的社会责任。例如，通过支持环保组织、开展环保活动等方式，为社会环保事业作出贡献。此外，企业应遵守公平贸易原则，尊重各方利益，维护供应链的公平和正义。例如，通过与供应链伙伴建立公平透明的合作关系，确保利益分配的合理性和公正性，实现企业利益和社会利益的双赢，推动经济和社会的可持续发展。

三、绿色供应链质量管理的核心原则

绿色供应链质量管理是指在纺织服装产业中，通过环境友好、可持续发展、社会责任和高品质等核心原则，对供应链中各个环节进行管理和控制，以实现生产过程的质量提升和可持续发展目标的实现。

（一）环保原则

在绿色供应链质量管理中，环保原则扮演着至关重要的角色。企业应该秉持环保原则，从选择原材料到生产工艺的各个环节，都应该考虑环境友好和可持续性。这意味着企业需要选择使用环保的原材料，以及采用符合环保标准的生产工艺，从而尽可能减少对环境造成的不良影响。

在选择原材料方面，企业应该优先考虑采用可再生和可降解的材料。这些材料具有较低的环境影响，因为它们能够在生产过程中减少对自然资源的消耗，同时在使用后能够被自然环境所降解，从而减少对生态系统的影响。例如，可再生材料如有机棉、竹纤维等，以及可降解材料如生物降解塑料等，都是绿色供应链管理中常见的选择。

此外，推行节能减排的生产工艺也是环保原则的重要体现。企业应该采取有效的措施，减少能源消耗和排放的废气、废水等有害物质。例如，通过引入节能设备、优化生产流程、提高资源利用效率等方法，可以有效地降低生产过程中的能源消耗和环境污染。

减少废水、废气排放也是企业应该重视的环保措施之一。通过采用先进的污水处理设备和排放控制技术，企业可以有效减少废水、废气的排放量，降低对周围环境的影

响，保护生态环境的可持续发展。

通过实施环保原则，企业可以有效降低生产过程中的环境污染和资源浪费，实现绿色生产的目标。这不仅有助于企业树立良好的社会形象，提升品牌声誉，还可以满足消费者对环保产品的需求，促进可持续发展的实现。因此，环保原则在绿色供应链质量管理中具有不可替代的重要性，应该得到企业和社会的广泛关注和支持。

（二）可持续发展原则

可持续发展原则是绿色供应链质量管理的核心内容之一，它体现了企业在经营活动中对未来发展和资源利用的长远考虑。在面对资源稀缺和环境污染等严峻挑战的当下，企业需要积极采取措施，确保资源的可持续利用，以促进经济的可持续发展和社会的和谐稳定。

第一，通过建立循环经济体系，企业可以实现资源的再利用和再生利用。循环经济强调将废弃物视为资源的再利用，通过回收、再加工和再利用等手段，将废弃物转化为新的资源，实现资源的有效利用。例如，利用废弃纺织品生产再生纤维，利用废弃塑料生产再生塑料制品等，都是循环经济的具体实践。这种循环利用的模式不仅有助于减少对原生资源的依赖，降低生产成本，还可以减少废弃物的产生，从而减轻对环境的污染。

第二，延长产品的生命周期是实现可持续发展的重要举措之一。企业应该设计和生产耐用的产品，提高产品的使用寿命，减少产品的更换频率，从而降低资源消耗和废弃物的产生。通过延长产品的生命周期，可以最大限度地利用产品的价值，减少对资源的消耗和浪费。例如，通过采用高品质的材料和先进的生产工艺，生产出耐用性能优越的产品，提升产品的使用寿命，降低消费者的维修和更换成本，实现经济效益和环境效益的双赢。

第三，企业应该注重生态系统的平衡和生态环境的保护。生态系统的平衡对于维持生物多样性、保护生态环境具有重要意义。企业在进行经营活动时应该尽量减少对生态系统的干扰和破坏，采取积极的环境保护措施，保护生物多样性和生态系统的完整性。这包括限制土地开发、保护自然生态环境、开展生态修复和保护活动等，以确保生态系统的平衡和稳定。

（三）社会责任原则

社会责任原则在绿色供应链质量管理中同样扮演着至关重要的角色。这一原则要求企业在其经营活动中，不仅要关注经济利益的最大化，还要重视员工的权益和社会责任，确保生产过程的公正合理，以促进社会的和谐稳定发展。

第一，社会责任原则要求企业关注员工的工作环境和福利。员工是企业发展的重要资源，其工作环境和福利直接关系到员工的生活质量和工作积极性。因此，企业应该提供安全、健康、舒适的工作环境，保障员工的基本权益，如劳动保障、社会保险和医疗保健等。此外，企业还应该关注员工的职业发展和培训，通过提供晋升机会和技能培训，激发员工的工作热情和创造力。

第二，社会责任原则要求企业遵守《中华人民共和国劳动法》，保障员工的合法权益。企业应该遵守国家和地方的劳动法律法规，确保员工的工资待遇、工作时间、休假制度等符合法律规定。此外，企业还应该建立健全的劳资关系机制，加强与工会的沟通和协商，维护员工的合法权益。

第三，社会责任原则还要求企业积极参与社会公益活动，关注社会问题，回馈社会。企业作为社会的一员，应该承担起相应的社会责任，为社会的发展和进步作出积极贡献。这包括参与慈善捐赠、开展环保活动、支持教育事业、帮助贫困群体等各种形式的社会公益活动。通过这些举措，企业可以树立良好的企业形象，赢得消费者和社会的认可和支持，促进社会的和谐稳定发展。

（四）高品质原则

高品质原则在绿色供应链质量管理中亦扮演着至关重要的角色。这一原则强调企业应该致力于提供高品质和安全性的产品，以满足消费者的需求，提升消费者的满意度和信任度。

第一，企业应该建立严格的质量管理体系。这包括制定质量管理政策和目标，建立质量管理组织和职责，制定相关的质量管理程序和工作流程，以确保产品的质量稳定和可靠。通过严格的质量管理体系，企业可以及时发现和纠正生产过程中的质量问题，确保产品符合质量标准和安全要求。

第二，企业应该建立完善的产品认证体系。产品认证是评估产品是否符合特定质量标准和安全标准的重要手段，可以为消费者提供产品的质量和安全性保障。企业可以通过申请和获得各种认证，如ISO 9001质量管理体系认证、ISO 14001环境管理体系认证、ISO 45001职业健康安全管理体系认证等，来证明产品在设计、生产和服务方面的质量和安全性得到了认可。

第三，企业还应该不断提升产品设计、生产工艺和服务水平。产品设计是确保产品性能和品质的重要环节，企业应该注重产品的功能性、耐用性、美观性等方面，以满足消费者的个性化需求。生产工艺是影响产品质量的关键因素，企业应该采用先进的生产技术和设备，优化生产流程，提高产品的一致性和稳定性。服务水平是企业提供给消费者的重要保障，企业应该建立完善的售后服务体系，及时解决消费者的问题和投诉，从而提升消费者的购物体验和满意度。

第二节 | 基于绿色发展的供应链改进策略

一、供应链改进的必要性

(一) 供应链管理的作用

供应链管理的作用在现代企业管理中具有重要意义,主要体现在以下五个方面。

1. 优化库存管理

供应链管理在优化库存管理方面扮演着至关重要的角色。通过供应链机制,企业可以更准确地预测销售商品的需求,确保销售商品的品种齐全,从而降低库存过剩和缺货的情况,实现库存的最佳化管理。现代企业利用先进的库存管理技术,如物联网(IoT)和大数据分析,能够实时监控库存状态,优化补货策略,减少库存积压和存货成本。例如,自动补货系统(ARS)和需求预测算法的结合,可以显著提升库存管理的精准度和效率,确保企业在保证供货充足的同时,减少资金占用和库存贬值的风险。

2. 提高销售额并降低成本

通过供应链管理,企业可以优化销售商品的排序、防止缺货和开发新产品等措施,从而提高销售额。同时,供应链管理还关注畅销商品和滞销商品,从而帮助企业合理配置资源,降低库存成本和减少浪费。这种双重优化不仅提升了企业的市场反应速度,还降低了运营成本。例如,企业可以通过供应链协同,快速响应市场变化,推出符合消费者需求的新产品,增强市场竞争力。此外,通过与供应链上下游的协作,企业还可以实现规模经济,降低采购成本和生产成本,提高整体盈利能力。

3. 缩短所需时间

供应链管理有助于缩短从顾客需求到产品交付的时间。通过确保商品的及时供应和防止缺货,可以缩短顾客所需时间,提升客户满意度。从企业角度来看,可以通过制订稳定的供应体制和生产计划,减少生产变更,进一步缩短所需时间。企业利用供应链管理系统(SCM)实现端到端的供应链可视化和实时追踪,从而快速发现和解决供应链中的瓶颈问题。例如,通过优化供应链,企业能更快地调整生产计划和物流安排,确保产品能及时送达客户手中,进而提升客户体验和市场响应速度。

4. 充分运用信息系统

现代供应链管理离不开信息系统的支持。通过连续自动补充系统(CRP)和电子数据交换(EDI)等技术手段,可以实现供应链信息的及时交流和处理,提高供应链管理的效率和准确性。信息系统的应用不仅提高了供应链的透明度和可控性,还增强了供应链各环节的协同能力。例如，企业可以利用企业资源计划（ERP）系统集成供应链信息，实现供应链各环节的无缝对接，优化资源配置，提高运营效率。同时，供应链管理系统（SCM）的应用，使企业能够更好地进行供应链的计划、执行和监控，确保供应链的高效运作和持续改进。

5. 改善现金流通

供应链管理通过优化库存管理和销售预测，可以将过多的库存转化为现金，改善企业的现金流通状况。通过减少库存，释放出更多的资金用于企业运营和发展。供应链金融（SCF）作为供应链管理的一部分，通过将金融服务嵌入供应链中，帮助企业提升资金使用效率。例如，企业可以通过供应链金融平台获取低成本的融资服务，缓解资金压力，优化现金流管理。此外，通过供应链的协同运作，企业还可以加快应收账款的回收，减少坏账风险，提高资金流动效率，增强企业的财务稳定性和抗风险能力。

（二）供应链管理的内容

1. 供应链管理的概念

供应链管理的概念在当今企业管理领域扮演着重要角色。传统的供应链管理将企业视为独立的实体，主要关注内部流程的优化和管理。然而，现代供应链管理将供应链上的各个企业视为一个不可分割的整体，强调供应链上各个环节之间的紧密协作和合作。因此，供应链管理被定义为对整个供应链进行全面协调性的合作管理，不仅关注制造商企业内部过程的管理，而且更加重视供应链中各个环节、各个企业之间资源的合理利用和共同发展。

在供应链管理的范畴中，包括对供应商、制造商、运输商、分销商、客户和最终消费者之间的物流信息流进行计划、协调和控制。供应链管理的核心目标是实现各个参与者之间的协同作战，通过优化整个供应链的各个环节和过程，达到"双赢"的局面，从而提升供应链整体的效益和效率。

这种协同作战的理念体现了供应链管理的实质，即不再将企业视为孤立的实体，而是将其融入一个更大的整体中。通过协同合作，供应链管理致力于最大化整个供应链的价值，实现资源的最优配置和利用。在这个过程中，各个企业之间相互依存、相互支持，共同推动供应链的持续发展和壮大。

因此，供应链管理不仅是一种管理手段，还是一种战略选择。它强调了企业间的合作共赢，促进了产业链的整体发展和提升。在当今竞争日益激烈的市场环境中，有效的供应链管理已经成为企业取得竞争优势和长期发展的重要保障。

2. 供应链管理的方向

（1）供应链管理涉及战略性供应商和用户合作伙伴关系管理。供应链管理的一个重要内容是与供应链上的各个合作伙伴建立稳固的合作关系。这不仅包括与供应商的关系管理，还包括与客户、分销商、物流服务提供商等的合作。战略性合作关系管理强调共同制定战略和目标，通过协同合作实现供应链的高效运作和持续发展。建立良好的合作伙伴关系，可以实现信息共享、资源整合和风险分担，提高供应链的灵活性和应变能力。例如，通过与关键供应商建立长期合作关系，企业可以确保原材料的稳定供应，降低采购成本；同时通过共同研发和技术创新，提升产品竞争力。与客户的紧密合作则可以更好地了解市场需求，提供定制化服务，提高客户满意度和忠诚度。供应链合作伙伴关系管理还需要建立健全的沟通机制和绩效评估体系，确保合作关系的持续优化和改进。

（2）供应链管理涉及供应链产品需求预测和计划。供应链产品需求预测和计划是确保供应链能够及时满足客户需求的重要内容。通过对市场需求的准确预测和合理规划，企业可以有效地调配资源，优化生产和库存管理，提高供应链的响应速度和服务水平。需求预测通常采用历史数据分析、市场调研、客户反馈等多种方法，结合大数据和人工智能技术，提高预测的准确性和及时性。在此基础上，制订详细的需求计划，包括生产计划、采购计划和配送计划等，确保各个环节的协调一致。例如，在纺织服装行业，企业可以通过对市场流行趋势和消费者购买行为的分析，预测未来一段时间内不同款式和颜色的服装需求，合理安排生产和采购，避免库存积压和缺货情况的发生。需求预测和计划还需要灵活应对市场变化和不确定性因素，建立应急预案和调整机制，提高供应链的敏捷性和抗风险能力。

（3）供应链管理包括供应链的设计。供应链的设计是供应链管理中的基础环节，涉及评价、选择和定位全球节点企业、资源和设备等，以建立高效的供应链网络。供应链设计需要考虑企业的战略目标、市场需求、资源配置、物流成本等因素，通过科学的方法和工具进行优化，以确保供应链的稳定和可持续发展。首先，需要对供应链的各个环节进行全面的评估和分析，包括原材料供应、生产制造、仓储物流、市场销售等，识别关键节点和瓶颈问题。其次，基于评估结果，选择和定位适合的供应链节点企业和资源，建立高效的供应链网络。例如，全球知名企业在进行供应链设计时，通常会选择靠近原材料产地或消费市场的地区设立生产基地和物流中心，以降低运输成本和缩短交货时间。供应链设计还需要考虑可持续发展和环境保护的要求，采用绿色供应链设计理念，优化资源利用并减少环境负荷。

（4）供应链管理涉及企业内部与企业之间物料供应与需求管理。物料供应与需求管理是确保生产顺利进行和供应链稳定运作的关键内容。它包括对物料采购、库存管理和供应商关系的管理，以确保物料的及时供应和生产的顺利进行。首先，物料采购管理需要选择合适的供应商，制定科学的采购策略，确保物料的质量和供应的可靠性。例如，企业可以通过招标、谈判、供应商评估等方式，选择具有竞争力的供应商并签订长期供货合同,确保关键物料的稳定供应。其次,库存管理是物料供应与需求管理的重要组成部分,通过合理的库存控制,确保物料供应的连续性和生产的稳定性。企业可以采用现代库存管理技术,如物联网(IoT)、大数据分析等,实现库存的实时监控和动态优化。最后,供应商关系管理强调建立与供应商的合作关系,通过信息共享和协同合作,提高供应链的整体效率和响应速度。

(5)供应链管理包括基于供应链的产品设计与制造管理、生产集成化计划、跟踪和控制。基于供应链的产品设计与制造管理是提高生产效率和产品质量的关键环节。通过优化产品设计和制造流程,实现生产的集成化管理,可以提高生产效率和产品质量,降低生产成本和资源消耗。首先,产品设计阶段应充分考虑供应链的各个环节,包括原材料采购、生产制造、物流配送等,设计出符合市场需求和生产可行性的产品。例如,通过与供应商合作,选择性能优良、成本适中的材料,提高产品的竞争力。其次,生产集成化计划是实现生产高效运行的重要手段,通过生产计划、物料计划、人员计划等的有机结合,确保生产过程的连续性和协调性。企业可以采用生产计划与控制系统(PPC),实现生产全过程的实时监控和动态调整,确保生产计划的高效执行和目标达成。最后,通过生产跟踪和控制,实时监控生产进度和质量,及时发现和解决生产中的问题,确保产品按时交付和质量达标。

(6)基于供应链的用户服务和物流管理。用户服务和物流管理是供应链管理中的重要内容,直接影响客户满意度和供应链的整体绩效。首先,用户服务管理需要了解客户需求,提供定制化的服务方案,确保产品能够及时、安全地送达客户手中。例如,通过客户关系管理系统(CRM),企业可以实时跟踪客户订单状态,提供个性化的售前、售中和售后服务,提升客户满意度和忠诚度。其次,物流管理包括运输、库存管理、包装等方面的管理,通过优化物流流程和提高物流效率,可以有效降低物流成本和交货时间。最后,企业可以采用物流管理系统(LMS),实现物流全过程的可视化管理,提高物流运作的透明度和效率。例如,通过合理的运输路线规划和仓储布局,企业可以减少运输时间和成本,提高物流服务质量。物流管理还需要加强与物流服务提供商的合作,通过建立稳定的合作关系,共同提升供应链的物流服务水平。

(7)供应链管理还涉及企业间资金流管理和基于互联网或企业内部网络的供应链交互信息管理。资金流管理和信息流管理是供应链管理中的关键内容,直接关系到供应链的运作效率和竞争力。首先,资金流管理需要确保供应链各个环节的资金流动顺畅,避免资金链断裂和财务风险。例如,通过供应链金融服务,企业可以获得低成本的融资支持,从而缓解资金压力,优化现金流管理。其次,信息流管理强调基于互联网和企业内部网络的供应链交互信息管理,通过信息系统实现供应链各环节的信息共享和协同作战,提高供应链的透明度和响应速度。企业可以采用企业资源计划系统(ERP)、供应链管理系统（SCM）等信息化工具，实现供应链信息的实时传递和高效处理。例如，通过电子数据交换（EDI）技术，企业可以实现与供应商、客户的无缝对接，实时共享订单、库存、运输等信息，提高供应链的协同效率和反应速度。

二、具体的改进策略和措施

（一）政府加强对绿色供应链管理的推动

1. 完善环境保护管理制度

（1）建立健全的环保法律法规体系。在推动绿色供应链管理方面，政府的首要任务是建立健全的环境保护法律法规体系。这一体系应包括一系列具体、明确的法律法规，明确了企业在绿色供应链管理方面的责任和义务，为企业提供了法律依据和规范。例如，制定环境保护法、资源利用法、废物处理法等相关法律，明确企业在生产经营过程中应遵守的环保标准和要求，以及相应的处罚措施和法律责任。

（2）加大环境监管力度。政府部门需要加大对企业环境行为的监管力度，确保企业严格遵守环保法律法规和标准。这包括加大对企业的检查和监督力度，建立健全的环境监测和评估体系，及时发现和纠正环境违法行为，保障环境保护目标的实现。同时，政府还应加强对环境监管人员的培训和管理，从而提高其监管水平和能力。

（3）强化对环保违法行为的处罚力度。为了有效遏制企业的环境违法行为，政府需要加大对环保违法行为的处罚力度。对于违反环保法律法规的企业，应给予相应的行政处罚和经济处罚，甚至采取停产整顿、吊销生产许可证等严厉措施，以起到震慑和惩戒作用。同时，政府还应建立健全的环境损害赔偿制度，保障对受损环境的修复和补偿，促使企业加强环境保护意识，主动履行环保责任。

2. 激励中小企业开展绿色供应链管理

（1）税费减免政策支持。政府可以通过税费减免等经济手段，激励中小企业开展绿色供应链管理。例如，对于投入环保设备和技术的企业给予税收优惠政策，减少企业的负担，提高其投入绿色供应链管理的积极性和主动性。此外，政府还可以给予对环保投入的财政补贴，支持中小企业开展环保项目和活动。

（2）技术指导和培训支持。政府可以组织专业机构或行业协会，开展绿色供应链管理的技术指导和培训活动，为中小企业提供必要的技术支持和管理指导。通过举办培训班、研讨会等形式，向中小企业传授绿色供应链管理的理念、方法和技术，增强其环保意识和管理水平，推动企业加快绿色转型步伐。

（3）资金支持和项目投资。政府可以设立专项资金，支持中小企业开展绿色供应链管理项目和活动。通过向中小企业提供低息贷款、风险补偿等形式，帮助企业解决资金短缺和融资难题，推动其加大对绿色供应链管理的投入。此外，政府还可以鼓励金融机构加大对中小企业的信贷支持力度，为其提供便捷的融资服务，促进绿色供应链管理项目的顺利实施。

（二）强化全生态概念，加强绿色文化建设

1. 倡导全生态概念

（1）宣传教育环保理念。政府部门应通过各种渠道和媒体，加大对全生态概念的宣传和教育力度。可以通过电视、广播、网络、报纸等媒体平台，向公众普及环保知识，引导人们树立绿色发展理念，认识到环境保护对于人类生存和可持续发展的重要性。政府还可以组织环保主题的宣传活动，如举办绿色文化节、环保讲座等，吸引更多的人参与环保行动。

（2）强调企业社会责任。政府应鼓励企业积极履行社会责任，将环保纳入企业发展战略的核心内容。可以通过政策引导和奖惩机制，鼓励企业加大环保投入，减少环境污染，推动企业向生态友好型转变。政府还可以与企业共同制定环保目标和指标，建立环保考核和奖励机制，激励企业更加重视环保工作。

（3）建立全社会环保合作机制。政府可以促进政府、企业、社会组织和公众之间的合作，共同推动全生态概念的普及和实践。可以建立环保合作平台，促进各方资源共享和信息交流，形成合力，推动环保工作的开展。政府还可以组织各方参与环保项目和活动，如植树造林、垃圾分类、环境治理等，增强全社会的环保意识和行动力。

2. 加强绿色文化建设

（1）环保知识宣传普及。政府可以通过教育机构、企业单位和社区组织等途径，开展环保知识宣传普及活动。可以通过组织环保知识讲座、展览、培训班等，向员工和公众普及环保知识，增强其环保意识和素养。同时，政府还可以鼓励学校将环保教育纳入课程体系，培养学生的环保意识和责任感。

（2）举办绿色文化活动。政府可以组织各种形式的绿色文化活动，营造良好的环保氛围。如举办环保主题的文艺演出、摄影展、书画比赛等，吸引更多的人关注环保问题，积极参与到环保行动中来。政府还可以组织志愿者服务活动，动员社会各界力量共同参与环保工作，共同建设美丽家园。

（3）培育绿色消费习惯。政府可以通过积极引导，培育公众的绿色消费习惯。可以通过开展绿色产品推广活动、发布环保消费指南等方式，引导公众选择环保产品，减少资源浪费和环境污染。

(三)纺织服装企业推行绿色供应链管理业务流程再造

1. 整合供应链资源

(1)信息整合。为了推动纺织服装产业的绿色供应链管理,企业应建立起供应链各个环节的信息共享机制。这一机制涵盖了从原材料采购到产品销售的整个生产流程,包括供应商信息、生产计划、库存情况、物流信息等各方面的数据。通过建立统一的信息平台或采用先进的供应链管理软件,企业可以实现供应链上下游信息的及时传递和共享,从而提高信息的透明度和准确性。这种信息整合的机制不仅有助于企业更好地监控和控制供应链中的各个环节,还可以加强企业与供应商、制造商和销售商之间的沟通和协作,促进资源的有效利用和生产效率的提升。通过信息整合,企业可以更好地应对市场变化和客户需求,实现供应链的灵活性和适应性,进而推动纺织服装产业向着绿色、可持续的方向发展。这样的信息共享机制不仅有助于提升企业的竞争力,还可以推动整个产业的转型升级,实现经济效益、社会效益和环境效益的统一。因此,建立供应链信息共享机制是纺织服装企业推行绿色供应链管理的重要举措,也是实现产业可持续发展的关键一步。

(2)资金整合。为了促进纺织服装产业的绿色供应链管理,企业可以通过资金整合来增强供应链的金融支持力度。这一举措可以通过建立供应链金融服务平台或与金融机构合作来实现。首先,企业可以建立供应链金融平台,为供应链上下游的各参与方提供融资、结算、保险等金融服务。通过这样的平台,企业可以更便捷地获取资金支持,解决资金周转不畅的问题,提高供应链的运作效率。这种金融服务平台可以为纺织服装企业提供灵活多样的金融产品,包括供应链融资、订单融资、库存融资等,满足不同企业的资金需求。其次,企业还可以与金融机构展开合作,共同推动供应链金融的发展。通过与银行、保险公司等金融机构合作,企业可以获取更多的金融资源和服务,从而降低融资成本,提高资金利用效率。金融机构可以根据企业的信用状况和风险特征,为其量身定制金融产品和服务,支持其开展绿色供应链管理工作。此外,金融机构还可以利用自身的专业优势,为企业提供风险管理、财务咨询等方面的支持,帮助企业更好地应对市场变化和风险挑战。通过资金整合,企业可以更好地支持供应链上下游的合作伙伴,促进产业链的优化升级,推动纺织服装产业向着绿色、可持续的方向发展。因此,资金整合是企业推行绿色供应链管理的重要举措之一,也是实现产业可持续发展的关键支撑。

(3)技术整合。为了推动纺织服装产业的绿色供应链管理,企业应该积极加强与供应链上下游合作伙伴的技术整合与交流。这种技术整合的举措可以帮助上下游企业共同开发和应用先进的生产技术和管理方法,从而提升供应链的生产效率、产品质量,降低生产成本，实现供应链的可持续发展。

在当前激烈的市场竞争环境下，纺织服装企业面临着日益增长的技术挑战和市场需求的不断变化。为了应对这些挑战，企业需要与供应链上下游的合作伙伴进行密切合作，共同探讨和研究新技术、新工艺，并将其应用于生产实践中。通过技术整合，企业可以借助供应链合作伙伴的力量，共同解决生产过程中的技术难题，从而提高生产效率和产品质量。

此外，技术整合还可以帮助企业降低生产成本。通过与供应链上下游合作伙伴共享技术和资源，企业可以实现生产过程的优化和成本的降低。例如，通过共同开发和应用节能环保的生产技术，企业可以减少能源消耗，降低生产成本，提升竞争力。

更重要的是，技术整合可以推动供应链的可持续发展。通过与合作伙伴共同开发和应用环保技术和管理方法，企业可以减少对环境的污染，降低资源消耗，实现可持续发展的目标。这不仅有利于企业的长期发展，也符合社会的可持续发展需求。

2. 优化业务流程

（1）生产计划优化。为了优化纺织服装企业的生产计划，建立智能化的生产计划系统是至关重要的。这样的系统可以使企业能够更快速地响应订单需求，并实现生产计划的灵活调整，从而提高生产效率，降低生产成本。

智能化的生产计划系统利用先进的信息技术和数据分析技术，能够实时监控市场需求和生产状况，根据订单情况和生产能力进行智能调配。通过预测市场需求、分析销售趋势和库存情况，系统可以为企业提供准确的生产计划和排产方案，确保生产计划的合理性和及时性。

在智能化的生产计划系统中，采用先进的生产调度算法和模型是关键。这些算法和模型可以对生产资源进行配置优化，合理安排生产任务和生产流程，最大限度地提高生产效率，减少生产中的浪费和损耗。例如，通过合理安排生产顺序、优化生产线布局和调整生产工艺，可以有效减少生产周期和生产成本。

智能化的生产计划系统还可以实现与供应链上下游合作伙伴的信息共享和协同。通过与供应商、生产商和分销商的信息对接，企业可以更好地把握市场动态和供应链情况，及时调整生产计划，避免因市场变化而导致的库存积压或供应不足等问题。

（2）库存管理优化。库存管理对于纺织服装企业的运营至关重要。利用信息技术手段实现库存的实时监控和管理是提高企业库存管理效率的重要途径。通过建立库存管理系统，企业可以更好地管理库存，减少库存积压和滞销现象，从而提高资金利用效率。

首先，建立库存管理系统可以帮助企业实现对库存的实时监控。通过系统收集和分析销售数据、库存量、交货周期等信息，企业可以清晰了解当前库存情况，及时发现和处理库存异常情况，避免过量库存或库存不足。这样可以帮助企业及时调整采购计划和生产计划，有效避免因库存管理不善而导致的资金浪费和生产停滞等问题。

其次，库存管理系统可以帮助企业精准预测销售需求。通过对历史销售数据和市场趋势的分析，系统可以提供销售预测和需求预测报告，帮助企业做出合理的库存补货和备货计划。这样可以有效避免因库存过多或过少而导致的资金占用和销售机会的损失，提高资金利用效率。

最后，库存管理系统还可以帮助企业合理安排库存存量和存放位置。通过对不同产品的销售情况和库存周转率的分析，系统可以为企业提供优化的库存管理策略，如ABC分类法、定期盘点、安全库存设置等。同时，系统还可以根据产品的特性，合理安排库存存放位置，提高库存的周转率和空间利用率，降低库存成本和仓储成本。

（3）物流管理优化。物流管理在纺织服装产业中具有重要意义，它直接影响着生产周期、产品质量和客户满意度。通过优化物流管理，企业可以实现供应链效率的提升，降低成本，提高服务水平，从而增强竞争力。

第一，利用物流信息化技术实现全程跟踪和监控是优化物流管理的重要手段之一。企业可以借助物联网、GPS定位、云计算等技术，实时监控货物的位置、运输状态和运输环境，确保货物能按时安全送达目的地。这样可以提高物流过程的透明度和可控性，减少货物丢失和损坏的风险，提高客户满意度。

第二，优化物流路线和运输方式是提高物流效率的关键。企业可以通过分析货物流向、客户需求和运输成本，优化物流路线，选择最优的运输方式和运输供应商。例如，对于长距离运输，可以选择铁路或水路运输，而对于短途配送，则可以选择公路运输或快递配送。通过合理选择运输方式和路线，企业可以降低运输成本，提高物流效率。

第三，加强与物流服务提供商的合作也是优化物流管理的重要策略之一。企业可以与物流公司建立长期合作关系，共同制定物流服务标准和流程，优化物流配送方案，提高配送速度和准时率。同时，企业还可以与物流公司共享信息和资源，提高运输效率，降低物流成本。

（四）全面技术革新应对绿色壁垒

1. 加大科技投入

（1）引进先进环保技术。纺织服装企业在面对日益严峻的环境挑战时，应当认识到引进先进环保技术的重要性，并积极采取行动。随着社会对环境保护要求的不断提高，传统的生产方式已经无法满足环保和可持续发展的需求。因此，加大对环保技术的投入，引进国内外先进的清洁生产技术和设备，成为企业应对环境问题的重要举措。

第一，引进高效节能的生产设备和环保工艺是企业实现绿色生产的关键。通过采用能源效率更高、排放更清洁的生产设备，企业可以降低能源消耗和废物排放，减少对环境的负面影响。例如，引进节能环保的纺织生产设备和工艺，可以有效减少能源消耗和污染物排放，提高生产效率和产品质量。

第二，积极引进先进的环保技术和解决方案，可以帮助企业实现环境管理的全面提升。这包括但不限于废水处理技术、废气治理技术、固体废物处理技术等。通过引进先进的环保技术，企业可以有效降低生产过程中产生的废物和污染物，减少环境污染，改善生产环境，提升企业形象。

第三，通过引进先进环保技术，企业还可以提高资源利用效率，实现资源的循环利用和再生利用。例如，采用高效的废物回收和利用技术，可以将废弃物料转化为再生资源，降低生产成本，减少对原材料的依赖，实现资源的可持续利用。

（2）提升生产工艺水平。为了应对环境挑战，纺织服装企业应当积极提升生产工艺水平，以降低生产过程对环境的不良影响。生产工艺的优化和改进是实现绿色生产的关键举措之一，它可以减少能源消耗、降低废物排放、控制有害物质的释放，从而实现生产的环保化和可持续化。

第一，企业可以采用低污染、低能耗的生产工艺。这包括但不限于采用清洁生产技术、优化生产流程、替代有害原材料等措施。通过引入低污染的生产工艺，企业可以降低排放物的生成量和有害物质的浓度，减少对环境的不良影响。例如，采用水性涂料替代有机溶剂涂料，采用低温染色工艺替代高温染色工艺，都可以降低生产过程中的有害物质排放。

第二，企业应该注重控制生产过程中的环境风险。这包括加强生产设备的维护和管理，建立完善的生产操作规程，确保生产过程的安全稳定。通过采取有效的措施，预防和减少事故的发生，最大限度地降低生产过程对环境和人员的影响。

第三，企业还可以采用先进的环保工艺设备，如废气处理设备、废水处理设备等，对生产过程中产生的污染物进行处理和净化。通过引入这些设备，企业可以将污染物转化为资源，实现废物的资源化利用，同时减少对环境的负面影响。

（3）加强环保设备更新。为了应对环境保护的挑战，纺织服装企业应当加强环保设备的更新和升级，采用更加先进的环保设备和技术，以提高治理效率和清洁生产水平。这一举措对于实现企业的绿色转型和可持续发展具有重要意义。

第一，定期更新和升级环保设备是确保企业符合环保法规和标准的重要保障。随着环保法规的不断完善和环境标准的日益提高，企业需要不断更新设备，以符合更加严格的排放要求。通过引进更高效的环保设备，企业可以降低排放物的浓度和数量，减少对环境的污染。

第二，采用先进的环保设备和技术可以提高治理效率，降低环保成本。新一代环保设备通常具有更高的处理效率和更低的能耗，可以有效减少能源消耗和运行成本。此外，先进的环保设备通常具有更长的使用寿命和更低的维护成本，可以有效降低企业的运营风险和成本压力。

第三，引进高效节能的污染治理设备，有助于提升清洁生产水平。这些设备可以对废气、废水和固体废物进行高效处理，将污染物转化为资源，实现废物的资源化利用。通过实施清洁生产技术，企业可以减少污染物排放，降低对环境的负面影响，实现可持续发展的目标。

2. 推动产学研合作

（1）建立产学研合作机制。建立产学研合作机制是纺织服装企业实现绿色供应链管理的重要举措之一。通过与科研机构、高校等开展合作，企业可以充分利用外部的科研资源和专业知识，加速技术创新和成果转化的进程，推动企业的绿色转型和可持续发展。

第一，产学研合作可以有效整合资源，促进科技成果的共享和交流。科研机构和高校通常拥有丰富的科研经验和专业知识，在绿色供应链管理领域具有深厚的研究基础。通过与这些机构建立合作关系，企业可以获取到最新的科研成果和技术进展，为企业的绿色供应链管理提供有力支持。

第二，产学研合作可以促进技术创新和产品升级。科研机构和高校通常具有创新能力和技术研发实力，可以和企业共同开展与绿色供应链管理相关的科研项目。通过合作研发，企业可以借助外部专业力量，加快技术创新和产品升级的速度，提高企业的竞争力和市场影响力。

第三，产学研合作还可以推动科研成果的产业化和商业化。科研机构和高校通常专注于基础研究和对前沿技术的探索，而企业则更加注重实际应用和市场需求。通过校企合作开发，科研成果可以更快地转化为实际生产力，为企业带来更多商业机会和市场价值。

第四，建立产学研合作机制还可以促进人才培养和团队建设。通过与科研机构和高校的合作，企业可以接触到优秀的科研人员和专业团队，为企业的人才队伍建设提供宝贵资源和机会。同时，企业也可以为科研人员提供实践机会和市场导向，促进科研人员的创新能力和实践能力的提升。

（2）开展技术交流与共享。开展技术交流与共享是推动绿色供应链管理发展的重要举措之一。通过与科研机构和高校等合作伙伴开展技术交流和成果共享，企业可以加强与外部专业力量的联系，共同探讨绿色供应链管理中的关键技术和难点问题，挖掘产学研合作的深度并拓宽其广度，促进科技成果的应用和推广。

第一，技术交流与共享有助于加速知识的传播和技术的创新。科研机构和高校通常拥有丰富的科研资源和专业知识，在绿色供应链管理领域具有领先的研究水平和技术积累。通过与这些机构进行技术交流，企业可以获取最新的科研成果和技术进展，并了解行业的最新动态和发展趋势，为企业的绿色供应链管理提供前沿的技术支持和指导。

第二，技术交流与共享可以促进合作伙伴之间的相互学习和互利共赢。在技术研讨会、学术交流会等活动中，企业可以与科研机构和高校的专家学者进行深入交流和探讨，分享经验和心得，共同解决绿色供应链管理中的技术难题和挑战。通过合作共享，各方可以互相启发，不断完善和提升自身的技术水平和能力，实现合作共赢。

第三，技术交流与共享还有助于推动科技成果的应用和推广。通过与科研机构和高校的合作，企业可以将科技成果转化为实际生产力，加速技术的商业化和产业化进程。通过技术交流和成果共享，企业可以了解到最新的科研进展和成果，找到适合自身发展需求的技术解决方案，提高产品质量和市场竞争力，实现可持续发展和长期稳定增长。

（3）支持科研项目申报。企业积极支持科研项目的申报和实施是推动绿色供应链管理发展的重要举措之一。通过资助科研项目，企业可以促进科研成果的产业化和市场化，推动绿色供应链管理的技术创新和发展。

第一，企业支持科研项目的申报和实施，有助于促进科研成果的转化和应用。科研机构和高校通常具有丰富的科研资源和创新能力，在绿色供应链管理领域进行前沿的科研探索和实践。通过资助科研项目，企业可以与科研机构和高校合作开展相关研究，共同攻克关键技术和难点问题，推动科研成果的产业化和市场化，将科技创新成果转化为实际生产力。

第二，企业支持科研项目的申报和实施，可以挖掘产学研合作的深度并拓宽其广度。通过与科研机构和高校的合作，企业可以充分利用其科研资源和专业知识，共同开展绿色供应链管理相关的科研项目，共同攻克技术难题，实现合作共赢。通过资助科研项目，企业可以提高与科研机构和高校合作的积极性并挖掘其深度，推动产学研合作的深入开展，促进科技成果的应用和推广。

第三，企业支持科研项目的申报和实施，还有助于提升企业的创新能力和竞争力。通过与科研机构和高校的合作，企业可以获取最新的科研成果和技术进展，了解行业的最新动态和发展趋势，为企业的绿色供应链管理提供前沿的技术支持和指导。同时，企业也可以通过参与科研项目，提升自身的创新能力和技术水平，推动企业的持续创新和发展，提高企业在市场中的竞争力和影响力。

3. 提升企业自主创新能力

（1）建立健全的创新机制。建立健全的创新机制对于企业的可持续发展和竞争优势具有至关重要的意义。在推动企业自主创新能力的提升方面，建立专门的技术创新机构和体系是关键的一环。这个机构或团队可以专注于技术研发、创新管理和知识产权保护等工作，以促进企业技术创新的全面发展。

第一，建立技术研发部门或创新团队是创新机制的核心。这个部门或团队应当由具有丰富经验和专业知识的人员组成，负责组织和管理企业的创新活动。他们可以制定创新战略和规划，组织开展科学研究和技术攻关，推动技术成果的转化和应用，从而确保企业在技术领域的持续领先地位。

第二，建立健全的创新管理体系是确保创新机制有效运行的重要保障。这个管理体系应当包括创新项目管理、成果评价和绩效考核等方面的内容，以确保创新活动的有序进行和成果的有效落地。同时，还应当注重知识管理和经验总结，将企业的技术积累和创新成果转化为企业的核心竞争力。

第三，激发员工的创新潜能和积极性也是创新机制的重要任务之一。企业可以通过建立激励机制和培训体系，鼓励员工参与到创新活动中来，充分发挥他们的创造力和创新能力。例如，可以设立创新奖励制度，对取得突出成果的员工给予奖励和荣誉，激励他们更加积极地投入创新工作中。

（2）加强研发投入。加强研发投入是企业实现技术创新和提升竞争力的重要途径之一。为了推动绿色供应链管理的技术革新和发展，企业需要积极增加对研发的投资，不断提升研发设施和人才队伍建设水平。

第一，企业可以增加对研发项目的投资和支持。这包括投入更多资金用于研发设备的购置和更新，以及资助科研项目的开展和成果转化。通过增加研发投入，企业可以提升技术研发的规模和水平，加快新产品和新技术的研发进程，从而满足市场对绿色供应链管理的需求，提高企业的市场竞争力。

第二，企业应提升研发设施和实验室的建设水平。建立先进的研发实验室和技术中心，配备先进的实验设备和科研工具，为研发人员提供良好的研发条件和环境。同时，加强研发设施的管理和维护，确保设施的正常运行和有效利用，提升研发效率和成果转化率。

第三，企业还应注重人才队伍建设，培养和引进高水平的科研人才。通过建立人才培养和引进机制，吸引国内外优秀的科研人才加盟企业，搭建多元化的人才团队，提升企业的创新能力和竞争力。同时，加强对现有员工的培训和技能提升，不断增强员工的专业素质和创新意识，为企业的研发工作提供坚实的人才支持。

（3）加强成果转化和应用。加强对科研成果的转化和应用是推动绿色供应链管理技术创新和发展的关键一环。企业应该建立起有效的科研成果转化机制和平台，以便将科技成果快速、高效地转化为生产力，从而促进绿色供应链管理的技术创新和应用。

第一，企业可以通过建立科研成果转化机制，将科研成果与企业生产实践结合起来。这包括建立科研成果评价和筛选机制，明确科技成果的市场需求和应用前景，确定转化的重点方向和重点项目。通过科研成果与企业实际需求的有效对接，实现科技成果的有针对性转化，提高转化的成功率和效率。

第二，企业还应建立科研成果转化平台，为科研人员和企业提供交流合作的平台和渠道。这包括建立专门的科技成果转化中心或园区，提供科研成果推广和转让的服务，搭建科研人员和企业之间合作的桥梁。通过开展科技成果展示、路演、洽谈等活动，促进科研成果的交流与对接，推动科技成果的转化和应用。

第三，企业可以通过与科研机构和高校的合作，加速科研成果的产业化和市场化。通过建立产学研合作机制，共同开展科研项目和技术开发，将科研成果转化为实际的产品和技术。通过引进科研人员参与企业的研发工作，促进科技成果的转化和应用，实现科技创新与产业发展的有机结合。

第三节 | 绿色供应链在纺织服装产业中的应用与挑战

一、具体应用简析

（一）绿色供应链在纺织服装生产中的具体实践

1. 采用环保材料

在纺织服装生产中，采用环保材料是绿色供应链管理的重要实践之一。随着消费者环保意识的提升，越来越多的纺织服装企业选择使用环保材料来制造产品，以满足市场需求并提升企业的社会责任形象。具体来说，企业可以采用以下环保材料。

（1）有机棉。有机棉是一种根据有机种植方式栽培的棉花，其生产过程中不使用化学农药和化肥。这种棉花的纤维生产出的纺织品被认为是更环保的选择，因为它们不含有害物质，对环境更加友好。有机棉的生产还对棉农的生活和工作环境有积极影响，因为它减少了农药和化肥的使用，降低了棉农接触有毒化学物质的风险。

（2）再生纤维。再生纤维是利用废弃纺织品、植物纤维或其他可再生资源加工而成的纤维，如再生棉和再生聚酯纤维等。再生纤维的生产过程比起传统的原生纤维更加环保，因为它可以减少对原生资源的消耗，降低对环境的负面影响。通过再生纤维的利用，可以有效回收和再利用废弃纺织品，推动循环经济的发展。

（3）天然染料。天然染料是从植物、动物或矿物中提取的染料，与传统的合成染料相比，它们的制备过程对环境污染较小。纺织服装企业可以选择使用天然染料对其产品染色，从而降低对环境的影响。使用天然染料不仅可以减少对化学物质的依赖，还可保留纺织品的天然质感和颜色,以满足消费者对绿色、天然产品的需求。

2. 推广清洁生产技术

推广清洁生产技术是绿色供应链管理的另一项具体实践。纺织服装企业可以引入水洗节水技术、染色废水回收利用等清洁生产技术,以减少生产过程中的资源消耗和环境污染。具体而言,企业可以采取以下措施。

(1)水洗节水技术。水洗是纺织服装生产过程中不可或缺的环节,但其所需的大量水资源使用对环境造成了一定的压力。为了减少水资源消耗,企业可以采用水洗节水技术,具体措施如下。

①采用高效节水洗涤设备和工艺:纺织服装企业可以投资购买高效的洗涤设备,如具有闭路循环水系统的洗衣机和节水洗涤剂等。这些设备和工艺能有效减少水的使用量,提高水资源利用效率。

②优化水洗工艺:通过优化水洗工艺流程,合理控制水的使用量和循环利用率,实现在保证产品品质的前提下最大限度地减少水资源的浪费。

(2)染色废水回收利用。染色是纺织品生产中的一个重要环节,但染色废水的排放对环境造成了严重的污染。为了减少染色过程对环境的不良影响,企业可以采用染色废水回收利用技术,具体措施包括。

①生物处理技术:将染色废水经过生物处理系统处理,利用微生物降解有机废物,使废水中的有害物质得到有效去除,从而达到排放标准。

②膜分离技术:采用膜分离技术对废水进行处理,通过膜过滤、超滤等方法,将废水中的有害物质分离出来,实现水的资源化利用,减少对环境的污染。

3. 优化物流运输

优化物流运输也是绿色供应链管理的重要实践之一。纺织服装企业可以采用低碳运输方式、优化物流网络等措施,以降低运输过程中的碳排放和能源消耗。具体而言,企业可以采取以下行动措施。

(1)采用低碳运输方式。选择环保、低碳的运输方式对于减少运输过程中的碳排放具有重要意义。以下是一些常见的低碳运输方式。

①海运:将货物通过海运方式运输,相比于空运和公路运输,海运通常能大幅降低碳排放和能源消耗,是一种较为环保的选择。

②铁路运输:同样是一种相对环保的运输方式,铁路运输能减少对石油等不可再生能源的依赖,同时降低碳排放量和减少空气污染。

(2)优化物流网络。合理规划和优化物流网络是降低运输成本和环境影响的关键。以下是一些优化物流网络的措施。

①减少运输距离:通过优化配送路线和选择合适的仓储地点,减少货物运输的距

离,从而降低能源消耗和碳排放。

②减少中转次数:尽量减少货物的中转次数,直接从生产地点运送至销售地点,避免不必要的中转环节,提高运输效率,降低成本和碳排放。

③采用多式联运:结合不同的运输方式,如铁路运输与公路运输的结合,采用多式联运的方式,可以充分利用各种运输方式的优势,降低物流成本和环境影响。

(二)绿色供应链对产业可持续发展的促进作用

1. 保护生态环境

绿色供应链管理有助于保护生态环境,减少对环境的污染和资源的消耗,从而维护人类和自然生态系统的和谐共生关系。采用环保材料、推广清洁生产技术等实践可以减少生产过程中对环境的负面影响。

(1)采用环保材料。选择环保材料是绿色供应链管理中的重要举措,对于纺织服装产业而言尤为关键。其中,有机棉和再生纤维是两种常见的环保材料,它们的采用可以有效减少对土地和水资源的消耗,同时降低对环境的污染。

有机棉是一种棉花栽培方式,其种植过程不使用化学农药和化肥。相比于传统棉花的种植方式,有机棉的生产对土地和水资源的消耗更少,而且不会在生产过程中释放有害化学物质,因此对环境的影响较小。有机棉的采用不仅有助于减少化学农药和化肥对土地和水资源的污染,还能改善农民的生活和工作环境,提高棉农的生产安全性和生活质量。

再生纤维是通过利用废弃纺织品、植物纤维或其他可再生资源加工而成的纤维材料。与传统的合成纤维相比,再生纤维的生产过程中消耗的原生资源更少,同时减少了废弃物的产生。例如,再生棉是通过回收和加工废弃棉纺织品得到的纤维,其生产过程不仅节约了原生资源,还减少了废弃物对环境的影响。再生纤维的采用有助于推动循环经济的发展,减少对自然资源的依赖,降低对环境的负面影响。

(2)推广清洁生产技术。推广清洁生产技术在纺织服装产业中是实施绿色供应链管理的重要策略之一,其核心目标是通过引入先进的生产技术和工艺,减少水资源消耗和废水排放,从而降低对环境的负面影响。

水洗节水技术是清洁生产技术中的重要组成部分。在传统的纺织服装生产中,大量的水用于洗涤织物、清洗设备和生产过程中的杂质,导致水资源的浪费和环境的污染。而引入水洗节水技术可以有效减少水的使用量,通过改进洗涤设备、优化洗涤工艺和采用高效节水洗涤剂等手段,实现对水资源的节约和合理利用。

染色废水回收利用也是值得推广的清洁生产技术之一。在传统的染色工艺中,大量的染色废水直接排放到环境中,对水质造成了严重污染。而通过引入染色废水回收利用技术，可以对废水进行有效处理和再利用，减少对水资源的消耗，并降低对环境的污染。常见的处理方法包括生物处理、膜分离等技术，能够有效去除废水中的有害物质，达到环保排放标准，同时实现废水的资源化利用。

2. 提升企业形象和品牌竞争力

绿色供应链管理可以提升企业的环保形象和品牌竞争力，满足消费者对环保产品的需求，拓展市场份额，实现经济效益和社会效益的双赢局面。具体来说。

（1）满足消费者需求。消费者对环保意识的提高在当今社会已成为一种明显趋势，这导致越来越多的消费者更愿意购买符合环保标准的产品。在纺织服装产业中，采用绿色供应链管理实践是企业满足消费者环保需求的重要途径之一。通过引入环保材料、推广清洁生产技术等绿色供应链管理实践，企业能生产出更环保、更可持续的产品，从而满足消费者对环保产品日益增长的需求。

采用环保材料是满足消费者需求的关键之一。环保材料如有机棉、再生纤维等对环境的影响较小，因其在生产过程中不使用化学农药和化肥，且对土地和水资源的消耗较少。消费者更愿意购买采用这些材料制成的产品，因为这些产品符合他们对环境友好的期望，体现了他们对可持续发展的支持。

推广清洁生产技术也是满足消费者需求的重要途径之一。清洁生产技术的推广可以减少生产过程中的资源消耗和环境污染，生产出的产品更加环保。消费者更愿意购买这些产品，因为他们认为这些产品对环境的影响较小，符合他们对健康和环保的追求。

因此，企业采用绿色供应链管理实践可以更好地满足消费者对环保产品的需求，并增强消费者对企业的认可度。这不仅有助于企业树立良好的企业形象，还能够拓展市场份额，提升企业的竞争力，实现经济效益和社会效益的双赢。

（2）提升品牌竞争力。在当今竞争激烈的市场环境中，建立良好的环保形象和品牌认知度对企业来说至关重要。这不仅有助于企业在市场竞争中脱颖而出，还能增强品牌竞争力，为企业的长期发展奠定坚实基础。

首先，建立良好的环保形象是提升品牌竞争力的重要手段之一。随着社会环境的变化和消费者意识的觉醒，越来越多的消费者更加关注企业的社会责任和环境保护意识。因此，企业若能积极采取环保措施，如使用环保材料、推广清洁生产技术等，就能树立良好的环保形象，赢得消费者的认可和支持。

其次，提高品牌的认知度也是增强竞争力的关键。企业可以通过积极开展环保活动、参与公益事业等方式，提升品牌在消费者心中的知名度和美誉度。例如，组织环保公益活动、发布环保倡议书等，都是有效提升品牌认知度的途径，有助于树立企业在环保领域的权威形象，从而增强品牌的竞争力。

最后，建立良好的环保形象和品牌认知度不仅有助于企业树立良好的企业形象，还能够吸引更多消费者和合作伙伴，拓展市场份额，提升销售额。这将为企业带来更多的商业机会和发展空间，增强企业在行业内的竞争力，实现长期稳定的发展目标。

二、绿色供应链管理面临的挑战

1. 市场缺少有效的制度和外部约束机制

（1）制度不健全导致环保管理困境。目前，纺织服装产业在我国面临着市场缺少有效制度和外部约束机制的挑战。由于政府相关部门干预力量不足，缺乏明确的环保立法和规范，纺织服装企业在环保管理方面面临困境。在没有明确的环境保护政策和法律法规的情况下，企业缺乏明确的行为规范，难以主动推行绿色供应链管理模式。

（2）环保成本未被合理计算。由于环境污染成本测算工作的推进滞后，以及社会资源型核算系统的不完善，企业在进行成本核算时往往没有充分考虑环境成本。这导致了企业对环保投资的意愿不高，故选择传统的生产管理模式以降低成本，而不是实施绿色供应链管理。

（3）信息不对称导致市场混乱。由于市场信息不充分或不正确，消费者很难对产品的绿色程度进行准确识别，使纺织服装产品的绿色程度与价格并不一定成正相关关系。部分企业为了降低成本和获取竞争优势，可能通过虚假广告或宣传误导市场消费者，加剧市场的混乱。

（4）市场监管不力。在市场机制不完善的情况下，部分企业为了追求短期经济利益，可能会忽视环保管理，导致环境污染问题严重。市场监管部门的监管不力也使一些企业得以逃避环保责任，加剧了环境污染问题的恶化。

2. 企业缺乏环境管理理念

（1）缺乏先进的环保管理理念。尽管国际上已经制定了一系列环保管理标准，如ISO 14000环境管理体系标准，但在我国，许多纺织服装企业仍然缺乏先进的环境管理理念。部分小型企业在环保管理意识方面较弱，缺乏积极主动进行环保管理的动力。

（2）环保认证落实不到位。虽然部分中大型企业通过了ISO 14000环境管理体系标准的认证，但在实际操作中往往存在着违规操作的情况。企业对环保管理的重视程度不够，环保认证的落实程度不到位，导致环保管理工作不能有效推进。

（3）重视末端管理而非以防治为主。许多纺织服装企业仍然保持传统的环保管理模式，重视末端污染治理而忽视了以防治为主的环保理念。企业在生产过程中未能采取有效措施预防环境污染，导致环境问题难以得到根本解决。

3. 与纺织服装产业配套的清洁生产技术滞后

（1）清洁生产技术支撑体系不完善。相对于国际纺织服装工业的迅速发展，我国纺织服装产业的清洁生产技术支撑体系仍然严重滞后。我国纺织服装企业多采用落后的生产工艺和设备，导致资源效率低下、能源消耗高、生产过程中产生的污染物排放较大。由于缺乏清洁生产技术的支持，企业很难有效控制和降低环境污染，难以达到绿色供应链管理的要求。

（2）生产技术创新不足。许多纺织服装企业依然沿用传统的生产工艺和设备，对新型清洁生产技术缺乏创新意识。由于缺乏技术更新和改进，企业无法实现生产过程的清洁化和环保化，难以适应绿色供应链管理的需要。

（3）清洁生产技术难以应用。尽管国内已经涌现出一些清洁生产技术，但由于其成本高昂、技术门槛较高，以及缺乏有效的政策支持和市场需求，这些技术难以在纺织服装产业中得到广泛应用。部分企业缺乏对清洁生产技术的了解和认识，无法有效选择和应用适合自身的清洁生产技术。

第四章

纺织服装产业绿色技术创新与资源效率提升

- 第一节
  绿色技术创新的概念与特点

- 第二节
  纺织服装产业绿色技术创新应用分析

- 第三节
  资源效率提升对绿色发展的影响

第一节 | 绿色技术创新的概念与特点

一、绿色技术的定义与分类

绿色技术是一种在产品生命周期内减少对环境影响、提高资源利用效率的技术范畴。其核心理念是在技术创新和产业发展中将环境保护与经济发展相结合,以实现可持续发展的目标。在纺织服装产业中,绿色技术的应用涵盖了从原料获取、生产加工、产品使用到废弃处理等各个环节,旨在最大限度地减少对环境的负面影响,同时提高资源的利用效率。

绿色技术的定义首先强调了在产品生命周期内减少环境负面影响的目标。这意味着绿色技术不仅关注产品的生产阶段,还关注产品使用和废弃处理等环节,以确保整个产品生命周期的环境友好性。其次,绿色技术强调了提高资源利用效率的重要性。通过采用绿色技术,可以最大限度地减少资源的消耗,实现资源的循环利用,从而减少对自然资源的压力。

在纺织服装产业中,绿色技术可以分为多个类别。首先是节能技术,包括采用节能设备、优化生产工艺等措施,以降低能源消耗。其次是清洁生产技术,如水洗节水技术、染色废水回收利用等,旨在减少废水排放和水资源消耗。最后是再生利用技术,其也是绿色技术的重要组成部分,包括废弃物的再生利用和回收利用,以减少对原生资源的需求和环境的污染。

二、绿色技术创新的特征与优势

绿色技术创新具有以下特征与优势。

(一)环保性

绿色技术创新的首要特征是其强调环保性。这种创新注重减少对环境的污染和资源的消耗,通过采用清洁生产技术、绿色能源等手段,最大限度地减少对自然环境的负面影响。例如,开发利用可再生能源、推广清洁生产技术,以及采用环保材料等措施,都是绿色技术创新在环保方面的体现。

(二)高效性

与传统技术相比,绿色技术创新具有更高的效率。通过提高资源利用效率,绿色技术创新不仅能够降低生产成本,还能够提升企业的竞争力。例如,采用节能减排技术可以降低能源消耗成本，同时提高生产效率，使企业在市场上具备更强的竞争力。

（三）可持续性

绿色技术创新强调可持续发展，注重长期环境和经济的效益。通过引入可再生能源、提高资源利用率等方式，绿色技术创新能有效降低企业的生产成本，延长资源的使用寿命，从而实现企业的可持续发展目标。这种可持续性的特征使绿色技术创新在长期发展中具有更加稳定和可靠的优势。

（四）创新性

绿色技术创新涉及技术、管理和制度等方面的创新，可以推动产业升级和转型。通过引入新的技术和管理理念，绿色技术创新能够促进企业的创新能力和竞争力，推动产业向绿色、智能、高端方向发展。例如，智能制造、物联网技术在绿色技术创新中的应用，可以实现生产过程的智能化管理和资源优化配置，提高生产效率和产品质量。

第二节 | 纺织服装产业绿色技术创新应用分析

一、智能制造技术在纺织服装生产中的应用

互联网技术的多元化发展，进一步促进了物联网技术在多行业中的蓬勃发展。纺织行业依托行业转型及国内市场的成熟稳步发展，占据着重要的市场份额，物联网技术在纺织行业中的应用越来越普遍。物联网技术通过沟通人—机—系统，形成紧密的传输执行网络，加快了纺织服装产业中的生产效率，不仅在纺织产品的仓储、营销及推广中发挥作用，还在纺织服装产品的设计、制造及新技术开发上提供了源源不断的动力，物联网技术提高了纺织服装行业的竞争力，使原本单一的生产过程变得联动性强、生产效用高、综合竞争能力强，以及使纺织服装行业集群的发展趋于多元和稳定的健康发展态势。

（一）技术背景概述

1. 物联网技术

物联网技术是一种基于无线射频识别（RFID）技术的智能化管理系统，旨在实现对物流信息的智能化管理。如今，物联网技术已经演变成为全球性的网络，连接人与设备，可将任何带有开关的物品连接到互联网。通过智能传感器、无线射频识别、全球定位系统（GPS）等技术的综合应用，物联网能够实时收集各类需要监控、连接、互动的

物体,并采集相关信息,实现物与物、物与人之间的广泛连接。这一技术的应用范围广泛,不仅可以实现对物品的智能化感知、识别和管理,还能提高资源利用率和生产水平,改善人与自然之间的关系。

当前,我国的物联网技术仍处于发展和待开发阶段。尽管已经取得了一定的进展,但仍存在许多挑战和机遇。物联网技术的移植和多领域应用仍然是一个蓝海产业,充满着巨大的潜力。通过大胆地将已成熟的物联网技术应用于各个领域,我们可以看到有巨大效益产生。在我国,物联网技术已经在多个行业得到了实践应用,对产业发展产生了积极的推动作用。

然而,要实现物联网技术的更大发展,仍需面对一些挑战。其中包括技术标准的统一、数据安全与隐私的保护、物联网平台的建设与完善等方面的问题。同时,还需要加强对人才的培养和引进,提高物联网技术的研发水平和应用能力,推动物联网技术与产业的深度融合,实现经济社会的可持续发展。

综上所述,物联网技术作为一种具有巨大发展潜力的新兴技术,正在逐步改变着人们的生活方式和产业格局。我国应当加大对物联网技术的研发和应用力度,促进其健康发展,为经济的高质量发展和社会的可持续发展作出更大贡献。

2. 云制造技术

云制造技术是基于信息技术、制造技术和物联网技术的新兴产品,其核心理念是将制造过程中的各种资源通过云计算的方式进行整合和共享,以实现生产效率的提升和成本的降低。云制造技术的发展借鉴了先进的计算机理念,实现了"软件即服务"的模式,为我国传统制造业的转型升级提供了新的发展机遇。

在云制造技术的背后,是我国作为世界制造业中心国的地位,以及制造业信息化的推进。云制造技术在制造行业中的应用势必会成为未来的重要分支,为各个行业的发展提供新的动力和机遇。特别是在纺织服装产业中,管理者已经开始对云技术在制造行业中的应用进行总结和归纳,形成了较为完善的应用模式。这为纺织服装制造行业的技术应用与整合提供了更多的可能性。

将云制造技术应用于纺织行业是可行且必要的。关注云制造技术在纺织行业中的快速发展及合理应用将会为纺织行业的发展带来更多机遇。通过整合行业资源、降低制造成本、提高制造产能,纺织产业集群建设将会迎来更多的利好效应。

值得注意的是,云制造技术的发展和实现离不开物联网技术的快速发展。物联网技术为云制造技术的应用提供了基础和先行条件。只有物联网技术的发展能与云制造技术相互支持和促进,才能实现制造业的数字化转型和智能化升级。

(二)物联网与云制造技术在纺织服装产业中的应用

1. 纺织服装产品的精准识别与记录

射频识别技术作为一种非接触式的检验手段,为纺织服装产品的精准识别与记录提供了重要支持。其主要特点之一是能够在不与物品进行直接接触的情况下完成检验工作,这使得它可以适用于高速运动物体的识别,极大地提高了生产效率和准确性。RFID技术的核心在于产品中的RFID芯片,这种芯片通过发射射频信号来获取被测物体的相关数据。在纺织服装产品生产环节中,RFID技术的应用旨在实现对产品数据的完整记录和管理,以便识别生产过程中的关键信息并进行实时监控和反馈。

超高频RFID技术在纺织服装产品生产中的应用,具有诸多优势。首先,它能显著缩减工人成本,因为不需要人工干预即可完成产品的识别和记录。其次,RFID技术可以提高产品的品质和生产效率,通过实时监控和反馈,及时发现并解决生产过程中可能存在的问题,减少工艺误差的发生。此外,RFID技术还能对生产流程中的关键环节进行精准控制,保证产品质量的稳定性和一致性。通过对生产过程中的关键数据进行记录和分析,RFID技术还可以帮助企业预测潜在的问题,从而更好地优化生产流程和管理决策。

射频识别技术在纺织服装产品生产中的应用具有重要意义。它不仅能实现对产品的精准识别和记录,还能提高生产效率、降低成本、保证产品质量,并为企业的管理决策提供数据支持。

2. 纺织服装行业自动智能制造

(1)物联网技术在纺织服装行业中的应用。物联网技术在纺织服装行业中扮演着重要角色,主要体现在生产过程的优化和质量检测等方面。通过在生产线上安装传感器设备,可以实现对生产环境和设备状态的实时监测。温度、湿度和振动等传感器可以用于识别当前工作参数和目标条件,从而帮助调节生产过程中的各项参数,保障生产的顺利进行。

物联网技术的应用还体现在资源优化配置和物料仓储方面。通过与供应链系统的连接,可以实现对原材料的实时跟踪和管理,帮助企业更加精准地掌握库存情况,减少库存积压和浪费。同时,物联网技术还可以通过对设备运行状态的监测和分析,优化生产流程,提高资源利用效率,降低生产成本。

未来,随着物联网技术的不断发展和完善,纺织服装行业将进一步加强对物联网技术的应用。通过将物联网技术融合于纺织行业的核心关键环节中,可以实现对生产过程更加精准的监控和管理,提高生产效率和产品质量,增强企业的竞争优势。

(2)云制造技术在纺织服装行业中的应用。云制造技术在纺织服装行业中的应用可以将生产过程中的各项数据实时存储在云端,实现数据的共享和管理。通过与物联网技术的结合,可以实现对生产过程的全面监控和管理,提高生产效率和产品质量。同时,云制造技术还可以实现生产过程的远程监控和控制,为企业的智能化制造提供重要支持。

在纺织服装行业中,云制造技术的应用可以实现对生产流程的优化和调度。通过对订单、库存和生产计划等数据的实时分析和管理,可以实现生产过程的自动化调度和优化配置,提高生产效率和响应速度,降低生产成本和库存压力。

云制造技术的应用还可以实现对产品质量的追溯和管理。通过将产品生产过程中的关键数据记录在云端,可以实现对产品生产过程的全程监控和溯源,帮助企业及时发现和解决生产中可能存在的问题,以提高产品质量和客户满意度。

(3)自动智能制造技术在纺织服装行业中的应用。自动智能制造技术在纺织服装行业中的应用可以实现生产过程的自动化和智能化。通过在生产设备中集成人工智能技术和自动控制系统,可以实现对生产过程的全面监控和控制,提高生产效率和产品质量。

在纺织服装行业中,自动智能制造技术的应用可以实现对织机等生产设备的自动化控制和调节。通过与物联网技术的结合,可以实现对设备运行状态的实时监测和分析,及时发现并解决生产中可能存在的问题,提高生产效率和设备利用率。

自动智能制造技术的应用还可以实现对生产过程的数据监测和分析。通过收集和分析生产过程中的关键数据,可以实现对生产环节的实时监控和优化调整,从而提高生产效率和产品质量,降低生产成本和能源消耗。

3. 纺织服装企业信息化管理平台

纺织服装企业信息化管理平台在当前纺织服装行业中扮演着至关重要的角色。随着物联网和云制造技术的广泛应用,纺织服装企业逐渐意识到信息化管理的重要性,开始建设和应用信息化管理平台,以提高生产效率、产品质量和企业竞争力。

这些信息化管理平台不仅是数据的收集和储存工具,还是一种以服务和智能化为核心的新型企业管理模式的体现。通过物联网技术和云制造技术的整合,信息化管理平台能够实现对纺织服装生产过程的实时监控和追踪,从纺纱、织造、服装加工到最终用户的各个环节都能获取并处理相关数据。这些数据不仅可用于产品制造过程的监控与管理,还可帮助企业进行精细化管理,从而提高生产效率和产品质量。

通过信息化管理平台,纺织服装企业可以实现生产过程的标准化和规范化管理,为企业的持续发展奠定坚实的基础。例如,企业可以通过信息化管理平台实现订单管理、库存管理、生产调度等功能,提高订单响应速度,降低库存成本,优化生产计划,提高生产效率。同时,信息化管理平台还可以帮助企业进行质量管理,监控生产过程中的关键指标,及时发现和解决问题,从而保证产品质量符合标准和客户需求。

纺织服装企业信息化管理平台的建设和应用对于行业的发展至关重要。它不仅可以提高生产效率和产品质量，还可以促进产业升级和企业管理模式的转型，推动纺织服装行业朝着智能化、数字化和服务化的方向迈进。

（三）物联网与云制造技术在纺织服装产业中的融合策略

1. 构建产业智能制造体系，推进行业高质量发展

纺织服装产业的智能转型关乎着行业的未来发展方向与竞争优势。构建产业智能制造体系是实现这一转型的重要举措。

首先，物联网技术的深化应用对于纺织服装产业的生产过程至关重要。物联网技术不仅可以在生产过程中实现设备之间的连通和信息传递，还能实现对生产过程的实时监控和调整。通过将物联网技术从浅层次的技术融合逐步过渡到产品的深度自动制造，纺织服装企业能够实现生产过程的智能化和自动化，提高生产效率和产品质量。

其次，物联网技术作为智能制造技术的基础，需要与其他相关技术相结合，形成智能制造技术服务的联动性。例如，人工智能技术可以与物联网技术相结合，实现对生产过程中大量数据的分析和处理，从而提高生产过程的智能化水平。同时，新一代信息技术的应用也可以使物联网技术在纺织服装产业中的应用更加高效和智能化。

最后，对智能制造过程中的资源配置进行合理分配至关重要。通过合理配置生产资源，包括人力资源、物质资源和信息资源，可以提高生产过程的效率和质量，降低生产成本，增强企业的竞争力。将智能制造视为纺织服装企业转型升级的关键，有助于推动整个产业向着高质量发展的方向迈进。

2. 推进企业信息化平台管理模式，深化企业信息化管理转型

推进企业信息化平台管理模式，深化企业信息化管理转型，是纺织服装产业实现智能化生产的关键步骤。通过利用物联网的信息化手段，结合智能化云制造技术，纺织服装产业能完善行业模式转化，实现从粗放化生产向智能化生产的转变，构建健全的生产制造体系，增强企业的生产效益，以实现更快、更好、更智能化的生产新模式，进而加快传统企业集群的转型和产业智能化升级。

第一，企业需要实现管理信息化。这就意味着必须建立健全以物联网技术为支撑的生产数据化基础设施，构建纺织服装企业信息化平台。这一平台的建设旨在全面实现生产过程中的生产智能化，将以产品质量为核心的竞争力提升到一个新的高度。

第二，数据化的推进将成为量产化的关键。企业应积极推动数据技术的实时把控，在生产环节保证产品的质量和数量。特别是在织造设备的管理上，数据化管理将变得尤为重要。通过及时的信息反馈和有效的数据管理，企业能够提高生产效率，并确保产品质量稳定和可靠。

第三，在企业管理方面，智能化技术的推进将成为重要举措。企业需要增强以服务为核心的管理理念，增强各个流程的信息化程度，并通过数据来支持管理决策和业务运营。这样的智能化管理模式将使企业更具有应对市场变化的能力，从而使纺织服装企业能够更好地应对多样化的市场挑战。

3. 加强物联网及云制造技术手段，构建产业智能化运营模式

加强物联网及云制造技术手段，构建产业智能化运营模式，是纺织服装行业实现高效运营和持续发展的关键。物联网和云制造技术作为纺织服装行业的服务手段，具有重要的作用，并且可以与企业内部和外部的相关系统进行有效交互，实现智能化运营模式的落地。

在构建产业智能化运营模式的过程中，纺织服装企业集团可以采用"私云"模式。这意味着通过建立内部的云计算平台，实现对企业内部管理与调度的优化。同时，利用物联网技术中的 RFID 等技术与企业内部的管理信息系统（如 ERP、PLM、CRM、SCM 等）进行对接，实现纺织服装产业的供应链上下游、产业链各环节之间的无缝对接，促进信息流、物流、资金流的畅通，从而实现产业内部的协同和开放式创新。

另外，纺织服装行业还可以采用"公云"模式。这意味着建立供应商、销售商和外包商等行业外部参与者之间的公共服务平台，通过云计算技术实现信息共享和协同办公。这样的模式有助于提高产业链上下游之间的合作效率，促进资源的共享和利用，推动产业的协同发展。

通过加强物联网及云制造技术手段，纺织服装行业可以深度挖掘物联网中的数据信息，并将其应用于基于数据的业务转型。通过数据驱动的业务模式转型，纺织服装企业可以实现生产过程的智能化，提高生产效率和产品质量，从而实现产业智能化运营模式的全面推进。

加强物联网及云制造技术手段，构建产业智能化运营模式，将为纺织服装行业实现高效运营和持续发展提供重要支撑。通过建立内部的"私云"平台和外部的"公云"平台，实现信息的共享和协同办公，促进产业链上下游之间的合作与创新，推动纺织服装行业向着智能化、高效化的方向迈进。

二、环保纤维在纺织服装生产中的应用

服装的重要载体是纺织纤维，人类在服装发展的历史上经历了原始材料、天然纤维、化学纤维、合成纤维等多个阶段，现代服装领域的主流纤维是化学纤维，然而随着时代的发展，人们对物质的要求越来越高，对面料的纤维选择也有着更高的要求。绿色环保服装的理念被更多人接受，选择经过科技改良的新型绿色纤维成为当下的趋势，其

中的竹纤维、牛奶纤维、玉米纤维与大豆蛋白纤维是主要代表。经过相关科学技术的改良，这些天然纤维不但可以呵护人体的肌肤，还对环境零污染，造价亲民，有很多优点。

（一）竹纤维的应用

竹纤维的原料来源于优质的成年青竹，经过高温蒸煮后进行纤维素的提取，再通过常规的纺丝工序便形成了竹纤维。竹纤维早已享誉世界，被誉为世界第五大纺织材料、"纤维皇后""会呼吸的生态纤维"。与其他的天然纤维相比，竹纤维有着多重的优势。

1. 更加绿色环保，透水性与透气性俱佳

（1）绿色环保：竹纤维作为一种绿色环保材料，其制备过程和特性使其成为对环境友好的选择。竹纤维的原料源自成年青竹，而竹子的生长过程中通常无须使用农药或其他化学物质的催化，这使得竹纤维的制造过程中几乎没有污染排放。相比之下，化学纤维的制备往往涉及大量的化学处理和污染物排放，对环境造成了不可忽视的影响。竹纤维的生态友好性也体现在其生产过程对自然资源的保护上，因为竹子是一种生长迅速且可再生的植物，其生长速度远快于木材等其他纤维原料，能够有效减少对森林资源的需求，有利于维护生态系统的平衡。此外，竹纤维制品具有良好的生物降解性，一旦被废弃，可以在自然环境中迅速分解，降解产物对土壤和水源不会造成污染，进一步减少了对环境的负面影响。因此，竹纤维的广泛应用不仅有助于推动绿色生产和消费模式的发展，也为实现可持续发展目标提供了重要支持，对于维护地球生态环境具有积极意义。

（2）良好的透水性与透气性：竹纤维以其特有的微型小孔结构而闻名，这种结构赋予竹纤维良好的透水性和透气性。微小的孔隙可以让水分子迅速渗透并在纤维内部扩散，从而增强竹纤维制品的吸水性。当竹纤维制品接触到水或者汗液时，这些微型小孔能迅速将水分吸收，并且使其在纤维内部进行分布，从而保持皮肤的干爽。与其他纤维相比，竹纤维的吸水速度更快，吸水量也更大，能更有效地吸收和排除身体上的汗液，使穿着者在高温潮湿的环境中也能感受到舒适和清爽。

此外，竹纤维的微型小孔结构还赋予了其良好的透气性。这种透气性使空气能自由地在纤维之间流通，促进皮肤表面的通风，有助于散发体表的热量和湿气。透气性良好的竹纤维制品能够使穿着者感到清爽和舒适，避免因长时间穿着而导致的闷热和不适感。尤其是在夏季或者运动时，竹纤维制品的透气性能够有效提高穿着者的舒适度，减少因汗水蒸发不畅而引发的不适感和皮肤问题。

（3）冬暖夏凉的特性：竹纤维因其独特的透气性和吸水性而在服装领域中备受推崇。这些特性赋予了竹纤维制品冬暖夏凉的特征，使其成为一种适合多季节穿着的理想选择。在冬季，竹纤维的吸水性可以迅速吸收皮肤表面的汗液或水分，保持皮肤干燥；

同时其透气性能帮助身体散发热量,有效保暖。穿着竹纤维制品的人在寒冷的冬天也能感受到温暖和舒适,避免了因为过多的汗液而导致的湿冷感。

相反,在夏季,竹纤维的透气性发挥着重要作用。透气性良好的竹纤维制品可以让空气流通,促进身体表面的通风,有助于散发体表的热量和湿气,使穿着者感到清爽和舒适。竹纤维的吸水性也能帮助身体迅速排除汗液,避免汗水在皮肤上停留过久导致的不适感和热量积聚。因此,穿着竹纤维制品的人在酷热的夏季也能享受到凉爽和舒适的穿着体验,不会因为炎热而感到闷热和不适。

2. 抑制细菌的作用明显,更加环保健康

(1)抑制细菌生长:竹纤维作为一种天然纤维材料,具有抑制细菌生长的独特功能,这主要得益于其含有的一些特殊物质,如竹醋液等。竹醋液是在竹木制品制作过程中产生的一种有机物质,具有很强的抗菌性和抑菌作用。这种天然成分在竹纤维制品中起到了重要作用,使得竹纤维制品在使用过程中能有效抑制细菌的生长,保持衣物的清洁和卫生。

竹纤维所含的竹醋液具有多种抗菌活性成分,包括醋酸、乙酸、甲酸等,这些成分对细菌具有一定的杀灭和抑制作用。实验证明,竹醋液对多种细菌,如大肠杆菌、金黄色葡萄球菌等都具有显著的抑制效果,能够有效降低细菌的数量,从而减少细菌对衣物的污染和滋生。这种抗菌作用不仅能够保持衣物的清洁,还可以有效预防细菌的感染和传播,为穿着者提供更加健康和舒适的穿着环境。

除了竹醋液外,竹纤维本身的微观结构也对抑制细菌生长起到了一定的作用。竹纤维的横截面上具有许多微型小孔,这些小孔能吸附细菌,并阻止其在纤维表面生长和繁殖,从而减少细菌的存活空间。此外,竹纤维表面的特殊结构也能够影响细菌的附着和生长,使其难以繁殖,从而进一步提高衣物的抗菌性能。

(2)环保健康:竹纤维作为一种天然纤维素材料,具有独特的健康环保功能,这主要得益于其含有的丰富营养成分和生物活性物质。竹纤维中含有丰富的竹蜜、维生素E、酪氨酸等物质,这些成分对人体健康有着多方面的积极影响。

第一,竹纤维中的竹蜜是一种天然的甜味成分,富含多种矿物质和微量元素,如钙、镁、钾等,对人体有益。这些矿物质和微量元素在人体内起着重要的生理功能,如维持骨骼健康、调节神经传导、促进新陈代谢等,能增强人体免疫力,预防疾病发生。

第二,竹纤维中的维生素E是一种强效的抗氧化物质,能清除体内自由基,延缓细胞衰老,保护细胞膜免受氧化损伤。维生素E还能促进皮肤细胞再生,维持皮肤的弹性和光泽,有助于延缓皮肤衰老,保持皮肤健康。

第三,竹纤维中还含有丰富的酪氨酸,这是一种重要的氨基酸,对人体的健康具有重要意义。酪氨酸能够调节神经系统的功能,提高大脑的活力和注意力,有助于缓解焦虑、抑郁等心理问题，促进身心健康。

（3）广泛应用：竹纤维制品在日常生活中已经得到了广泛的应用，涵盖多个领域，包括内衣、床上用品、贴身T恤、毛巾、被褥等。这些制品的广泛应用与竹纤维本身的优异特性密切相关，其舒适性、健康性和环保性使其成为人们喜爱的选择。

首先，竹纤维制品在内衣领域的应用是其中之一。内衣作为人们日常生活中必不可少的穿着品，对舒适性和健康性的要求尤为重要。竹纤维制品由于其柔软、透气和抗菌等特性，成为内衣制造的理想材料。穿着竹纤维内衣能够保持皮肤的清爽干燥，抑制细菌滋生，有效预防皮肤瘙痒和过敏等问题，为穿着者提供了舒适的穿着体验。

其次，竹纤维制品在床上用品领域也得到了广泛应用。床上用品如床单、被套、枕套等直接接触人体皮肤，因此对于材料的舒适性和健康性要求尤为严格。竹纤维制品具有良好的透气性和吸湿性，能够帮助人体在睡眠时保持干爽舒适，避免过度出汗和湿疹等皮肤问题的发生。此外，竹纤维还具有抗菌抑菌的作用，有助于保持床上用品的清洁卫生，减少细菌滋生，为用户提供健康的睡眠环境。

最后，贴身T恤和毛巾、被褥等竹纤维制品也受到了人们的青睐。这些制品不仅在穿着时能够提供舒适的触感和透气性，而且在使用过程中能保持干爽清洁，有助于保护皮肤健康。同时，由于竹纤维的环保性，这些制品的生产和使用也符合可持续发展的理念，对于保护环境和减少资源浪费起到了积极的作用。

（二）玉米纤维的应用

1. 玉米纤维的环保特性

（1）可降解性：玉米纤维作为一种完全可降解的纤维材料，在当今追求可持续发展的社会背景下，具有极好的应用前景和环保意义。其制备过程始于玉米，一种常见的农作物，通过生物发酵、聚合和纺丝等工艺制成纤维原料，其来源广泛而可持续。在使用过程中，玉米纤维制品表现出与传统纤维材料相当甚至更优异的性能，同时又能够满足环保要求，具有重要的生态意义。

玉米纤维的可降解性是其最显著的特点之一。一旦玉米纤维制品被废弃，其可在自然环境中经微生物和土壤的共同作用迅速降解，最终分解成无害的二氧化碳和水，不会对环境造成任何污染或负面影响。这种降解性质使玉米纤维成为一种符合环保理念的理想选择，有助于减少塑料等传统材料带来的固体废弃物的问题，有利于维护生态平衡和环境健康。

玉米纤维的可降解性不仅体现在废弃后的处理过程中，在制备过程中也具有环保优势。相较于传统的合成纤维制备过程，玉米纤维的生产过程更加环保，减少了对环境的污染和资源的消耗；同时，玉米纤维的生产过程更加节能，减少了能源的消耗。与传统的化学纤维相比，具有更低的碳足迹和环境负荷。

（2）零污染：玉米纤维作为一种绿色可再生的纤维材料，在其制备和使用过程中具有显著的环保特性，对大自然的零污染。这种零污染的环保特性，对于环境的保护和可持续发展具有重要意义。

首先，玉米纤维在制备过程中不含任何有毒成分。相较于传统的化学合成纤维制备过程，玉米纤维的生产过程更加自然纯净，无须使用任何有害化学物质，不会产生有毒废物或排放有害气体。这样的制备过程确保了玉米纤维的环保性，减少了对环境的负面影响。

其次，玉米纤维制品燃烧后也不会产生有害物质。在使用过程中，如果玉米纤维制品不幸遭遇火灾等情况导致其燃烧，其燃烧过程不会产生有毒气体或有害物质的释放。相反，玉米纤维的燃烧过程相对较为清洁，最终产生的排放物主要为二氧化碳和水蒸气，不会对环境造成污染。

因此，玉米纤维的零污染特性使其成为一种环保优良的纤维材料。其制备和使用过程不仅不会对环境造成负面影响，反而有助于保护环境和生态系统的健康。在当前社会对环保意识日益增强的背景下，玉米纤维作为一种可持续发展的纤维材料，具有广阔的应用前景和重要的推广价值。

（3）循环利用：玉米纤维作为一种可以完全降解的纤维材料，其制品具有循环利用的潜力，从而实现了循环经济的理念。这种循环利用的过程对资源的有效利用、减少浪费、降低生产成本及促进经济可持续发展具有重要意义。

首先，废弃的玉米纤维制品可以通过回收再利用的方式得到有效利用。一旦玉米纤维制品达到使用寿命末期或者被淘汰，其可以通过回收的方式进行收集和分类。随后，这些回收的废弃玉米纤维制品可以被送往再生纤维材料加工厂进行处理。在加工厂中，废弃的玉米纤维制品会被进行再次加工和处理，如破碎、粉碎、融化等工艺，从而将其转化为再生的玉米纤维原料。

其次，循环利用废弃的玉米纤维制品有助于减少资源浪费。通过回收再利用的方式，可以最大限度地延长玉米纤维制品的使用寿命，减少对原始材料的需求量，降低资源的开采和消耗。这样的循环利用过程有助于减缓资源枯竭的问题，促进资源的可持续利用。

最后，循环利用玉米纤维制品还可以降低生产成本。相较于新鲜的原始材料，回收再利用的废弃玉米纤维制品具有较低的生产成本，因为其不需要经历原材料的开采、加工和运输等环节，可以节约大量的生产成本。这样的成本节约对于企业来说是一种重要的经济优势，有助于提升企业的竞争力和盈利能力。

2. 玉米纤维的优越性能和广泛应用

（1）柔软度与强度兼具：玉米纤维具有独特的特性，既拥有良好的柔软度，又保持着较高的强度，这使其制品在舒适性和耐久性方面表现出色，受广大消费者的青睐。

玉米纤维的柔软度较高。由于其特殊的纤维结构和纤维间的相互作用，玉米纤维制品触感柔软舒适，具有类似天然纤维的触感，不会给皮肤带来刺激或不适感。这种柔软度使得玉米纤维制品在直接与皮肤接触的服装、床上用品等方面表现出色，为消费者提供了愉悦的穿着和使用体验。

玉米纤维保持了良好的强度。尽管玉米纤维具有柔软的手感，但其纤维本身具有较高的强度和韧性，不易断裂或变形。这种强度保证了玉米纤维制品在日常使用中的耐久性和稳定性，不易磨损或损坏，延长了其使用寿命。无论是在服装、家居用品，还是其他领域，用户都可以放心地使用玉米纤维制品，享受其长久的服务。

（2）优异的透气性和吸水性：玉米纤维因其优异的透气性和吸水性而备受青睐。透气性是指材料内部或表面与外界空气之间传递气体的能力，而吸水性则指材料吸收水分的能力。这两种特性共同赋予了玉米纤维制品独特的舒适性和功能性。

玉米纤维具有出色的透气性。其纤维结构和布局使得空气可以在纤维之间自由流动，从而使皮肤得以呼吸，排出体内的热量和湿气，从而保持干燥和舒适。特别是在夏季高温季节，穿着玉米纤维制品能够有效减少汗液在皮肤表面的滞留，防止因过度出汗而引发的不适感和皮肤疾病，为穿着者带来清爽的穿着体验。

玉米纤维具有良好的吸水性。其纤维表面有着丰富的微孔结构，可以迅速吸收周围环境中的水分，将汗液或其他液体快速吸收并迅速传导到纤维内部，保持皮肤表面的干燥和清爽。这种吸水性不仅有助于减少穿着者的不适感，还可以帮助穿着者快速排除汗液，保持皮肤的健康和舒适。

（3）防霉抗菌性能：玉米纤维因其独特的结构和成分而具有显著的防霉抗菌性能，为织物提供了额外的保护层，保持其清洁和卫生。

玉米纤维含有天然的抗菌成分，这些成分能够有效抑制细菌的生长和繁殖。通过与织物表面接触，这些抗菌成分可以阻止细菌在织物上形成菌落，从而减少细菌对织物的污染和滋生。这种抗菌效果不仅可以保持服装的清洁和卫生，还有助于减少细菌对穿着者皮肤的刺激，降低皮肤感染和过敏的风险。

玉米纤维的结构具有良好的透气性和吸水性，能迅速吸收和排出织物表面的湿气和汗液。这种特性有效地防止了织物受潮和发霉的可能性，保持了织物的干燥和清爽。即使在潮湿的环境下，玉米纤维制品也能保持干燥，不易滋生霉菌，保持了织物的长久清洁和卫生。

玉米纤维的防霉抗菌性能使其成为理想的织物材料，特别适用于需要长时间穿着和容易受潮的服装和床上用品。其天然的抗菌成分和良好的透气吸水性为织物提供了全面的保护，从而确保了穿着者的舒适感和健康。

（三）大豆蛋白纤维的应用

大豆蛋白纤维是在榨过油的大豆中提取，分离出球蛋白后再经过溶液纺丝，最后去除掉其中的液体成分后所得。大豆蛋白纤维的发明技术来源于中国，被誉为"世界第八大人造纤维"。目前我国在大豆蛋白纤维服装领域已经遥遥领先于世界。大豆蛋白纤维有着以下特点。

1. 大豆蛋白纤维的特性

（1）手感优越：大豆蛋白纤维因其特殊的材质和纺织工艺而赋予制成的面料以出色的手感，被称为"第二肌肤"，在穿着时提供了极致的舒适感受。

大豆蛋白纤维具有轻盈柔软的特性，使得制成的面料触感极其舒适。由于大豆蛋白纤维本身具有良好的柔软性，纤维间的结合更加紧密，从而赋予面料更加细腻的触感。穿着大豆蛋白纤维制成的服装，仿佛与肌肤完美贴合，轻盈柔软的质感令人感到舒适自然。

大豆蛋白纤维的丝滑触感使穿着者体验到更高级、更舒适的触感。与其他纤维相比，大豆蛋白纤维的表面更加光滑细腻，触感更加丝滑、顺滑。这种丝滑触感不仅增加了面料的质感，也提升了服装的整体品质和档次，使得穿着者在穿着时能够感受到更加愉悦的舒适感。

总的来说，大豆蛋白纤维制成的面料具有出色的手感，轻盈柔软、触感丝滑，被誉为"第二肌肤"。其独特的材质和纺织工艺赋予了服装极致的舒适感，让穿着者在日常生活中尽情享受服装带来的舒适和愉悦。因此，大豆蛋白纤维制品在服装行业中备受欢迎，并且在未来有着广阔的市场前景。

（2）良好的吸水性和透气性：大豆蛋白纤维以其优异的吸水性和透气性而受到广大消费者的青睐，这一特性为制成的服装提供了出色的穿着体验，使穿着者能够保持干爽舒适的状态。

大豆蛋白纤维具有良好的吸水性，能够快速吸收水分并迅速排出，使制成的服装保持干爽。这一特性使得大豆蛋白纤维制品成为夏季的理想选择，即使在高温潮湿的气候条件下，穿着者也能够感受到清爽舒适。与其他纤维相比，大豆蛋白纤维的吸水速度更快，吸水量更大，有效减少了穿着者因出汗而产生的不适感。

大豆蛋白纤维具有优异的透气性，能够使空气自由流通，保持服装内部的通风和透气。这一特性使得穿着者在运动或高强度活动中也能够感到清爽舒适，不易出现闷热和潮湿的情况。大豆蛋白纤维的透气性甚至优于棉织品，使其成为炎热夏季的理想选择。

(3) 优异的色泽和光泽：大豆蛋白纤维制成的面料以其优异的色泽和光泽而备受制造商推崇，为服装注入了独特的视觉魅力。其色泽明亮、光泽度高，能与真丝相媲美，赋予了服装独特的质感和品位。

大豆蛋白纤维本身具有天然的色彩特性，经过纺织加工后，所制成的面料色泽鲜艳，很有特色。这种自然的色彩使得服装更加吸引人，增添了穿着者的自信和魅力。

大豆蛋白纤维在纺织加工过程中能够保持良好的光泽度。经过高新技术的纺织处理，面料表面的纹理清晰，光泽闪亮。这种优异的光泽效果使得服装更显高档和品质，展现出了制造商对细节和品质的高度追求。

大豆蛋白纤维制成的面料以其优异的色泽和光泽，在视觉上给人带来愉悦的感受。其鲜艳的色彩和闪亮的光泽赋予了服装独特的时尚感和品位，提升了穿着者的形象和气质。这种优异的视觉效果为大豆蛋白纤维在时尚产业中的应用提供了更广阔的空间，推动了面料技术的不断创新和发展。

2. 大豆蛋白纤维的应用

（1）容易染色：大豆蛋白纤维作为一种纺织原料，具有出色的染色性能，为纺织品的色彩设计提供了广阔的可能性。其良好的渲染性能使大豆蛋白纤维制成的面料可以轻松实现丰富多彩的色彩效果，为服装注入了生动活泼的色彩，增添了时尚魅力。

首先，大豆蛋白纤维本身具有较为丰富的色彩，常见的淡黄色是其自然的颜色。然而，由于大豆蛋白纤维对染料的吸收性能良好，因此可以通过多重染料的浸染过程，使其呈现出各种艳丽的色彩。不同类型的染料可以在大豆蛋白纤维上产生不同的色彩效果，从而满足不同消费者群体的个性化需求。

其次，大豆蛋白纤维对活性染料具有较强的亲和力，可以更好地吸收染料颜料，并且染色后色彩更加牢固持久。这使得大豆蛋白纤维制成的服装具有更加持久的色彩，不易褪色或变色，保持长时间的色彩稳定性。因此，消费者可以放心购买大豆蛋白纤维制成的服装，获得长期持久的色彩美观体验。

总的来说，大豆蛋白纤维具有优异的渲染性能，可以通过多种染料实现丰富多彩的色彩效果。其对活性染料的强亲和力保证了染色后色彩的稳定性和持久性，为纺织品的设计和色彩搭配提供了更多的可能性，满足了消费者对于时尚和个性化的需求。

（2）健康环保：大豆蛋白纤维作为一种天然纤维材料，在保持人体健康的同时，也注重对环境的保护，体现了健康与环保的双重价值。大豆蛋白纤维富含多种人体所需的氨基酸，这些氨基酸对维持人体健康至关重要。与皮肤接触后，大豆蛋白纤维能够促进肌肤表面胶原蛋白的活性，有助于维持肌肤的弹性和光泽，还能抑制细菌的生长，减少皮肤问题的发生，保持肌肤的健康状态。这使得大豆蛋白纤维制成的服装成为一种健康舒适的选择，受到了越来越多人的青睐。

大豆蛋白纤维的生产过程也非常环保，对环境的影响较小，符合现代社会对健康环保的追求。大豆蛋白纤维的生产过程主要包括脱脂、脱油、脱水、提纯等多个工序，其中并不涉及对环境有害的化学物质的使用。相比之下，与一些化学纤维生产过程相比，大豆蛋白纤维的生产更加环保，减少了对环境的污染。此外，大豆蛋白纤维制品在废弃后也可以进行自然降解，不会对环境造成持久的污染，符合可持续发展的理念。

（3）广泛应用：大豆蛋白纤维的广泛应用范围涵盖了多个领域，其中包括婴儿服装、运动服装、床上用品、男女内衣等。这种广泛的应用得益于大豆蛋白纤维独特的性能和健康环保的特性，使其成为各种服装和家居纺织品的理想选择，受到了消费者的青睐。

第一，大豆蛋白纤维在婴儿服装领域的应用尤为突出。婴儿的皮肤娇嫩敏感，对衣物的材质要求较高，而大豆蛋白纤维具有柔软、舒适的特性，且对皮肤无刺激，不易引起过敏反应，因此非常适合制作婴儿服装，为宝宝提供舒适的穿着体验。

第二，大豆蛋白纤维在运动服装领域也得到了广泛地应用。运动服装需要具备吸汗透气、舒适自由的特性，而大豆蛋白纤维的透气性和吸水性优异，能有效地帮助运动者保持干爽舒适，同时其柔软度和强度兼具的特点也使运动服装更加耐穿耐用。

第三，大豆蛋白纤维还被广泛用于床上用品领域，如床单、枕套、被套等。床上用品直接接触人体皮肤，因此对材质的舒适度和健康性要求较高，而大豆蛋白纤维的柔软度和吸水性能够为用户提供舒适的睡眠体验，且不含有刺激性物质，对皮肤友好，受到了很多消费者的青睐。

第四，大豆蛋白纤维也被广泛应用于男女内衣领域。内衣是贴身衣物，舒适性和健康性是其最重要的考量因素。大豆蛋白纤维具有良好的透气性和吸水性，能够保持肌肤干爽舒适，同时其柔软度和强度兼具的特点也能够提供贴身服装所需的舒适度和支撑性，成为内衣制作的理想材料之一。

（四）牛奶蛋白纤维的应用

1. 牛奶蛋白纤维的来源和制备过程

（1）来源于液态牛奶：牛奶蛋白纤维源于液态牛奶，这是一个涉及多个工艺步骤的复杂过程。液态牛奶作为牛奶蛋白纤维的主要原料，通过一系列加工工艺被转化为纯净的蛋白质，以便后续的纤维生产。这一过程的每个步骤都对最终纤维的质量和性能产生着重要影响。

第一，液态牛奶经过预处理，包括去除杂质、均质化和杀菌等步骤，以确保原料的质量和安全性。这些步骤有助于消除潜在的微生物污染和异物残留，为后续加工工艺提供清洁的原料。

第二,液态牛奶原料经过分离和浓缩的步骤,牛奶中的脂肪、油脂和水分等成分被分离出来去除。这些成分的去除对提取纯净的蛋白质至关重要,因为蛋白质的纤维化过程需要高纯度的原料。

第三,蛋白质成分经过提取和纯化的步骤,以去除余留的脂肪、糖类和其他杂质。这一过程通常包括离心、过滤和洗涤等步骤,以确保提取出的蛋白质具有较高的纯度和质量。

第四,提取出的纯净蛋白质被用于生产牛奶蛋白纤维,通过纺丝、拉伸、固化等工艺步骤,将蛋白质转化为纤维形态。这些纤维具有优异的性能特点,包括柔软度、吸湿性、透气性等,适用于各种纺织品的生产制造。

(2)多种工序的加工:在牛奶蛋白纤维的制备过程中,液态牛奶经历了一系列复杂的加工工序,以去除多余的成分,最终形成大分子的蛋白质。这些工序包括脱脂、脱油、脱水和提纯等步骤,每一步都对最终产品的质量和性能产生着重要影响。

第一,液态牛奶的脱脂处理,即去除其中的脂肪成分。这一步骤的主要目的是降低牛奶中的脂肪含量,以便后续加工工艺处理。脱脂过程可以采用物理方法,如离心分离,也可以通过化学方法实现,如脱脂酶的应用。无论采用何种方法,脱脂都是将牛奶中的脂肪成分分离出来,以获得低脂的牛奶基础原料。

第二,液态牛奶的脱油处理,即去除牛奶中的油脂成分。油脂是牛奶的重要成分之一,但在牛奶蛋白纤维的制备过程中,需要将其中的油脂去除,以确保纤维的纯度和稳定性。脱油过程可以采用物理方法,如沉淀和过滤,也可以采用化学方法,如酸碱处理。通过这些方法,可以有效地将牛奶中的油脂成分分离出来,得到低油的牛奶基础原料。

第三,液态牛奶的脱水处理,即去除牛奶中的水分成分。脱水的目的是提高牛奶的浓缩度,使其更适合后续加工工艺的需要。脱水过程可以采用加热蒸发、真空浓缩等方法,将牛奶中的水分蒸发或抽出,得到浓缩的牛奶基础原料。

第四,液态牛奶的提纯处理,即对脱水后的牛奶进行进一步的纯化处理。提纯过程可以采用过滤、离心、结晶等方法,去除其中的杂质和残留物,提取出纯净的蛋白质。通过这些步骤,可以得到适合制备牛奶蛋白纤维的高纯度原料,为后续纤维生产提供可靠的基础。

(3)高科技技术的应用:经过脱脂、脱油、脱水和提纯等工序处理后,蛋白质被提取出来,随后通过一系列高科技技术的分解与提取,最终形成纤维状物体,即牛奶蛋白纤维。这些高科技技术的应用是纤维制备过程中的关键步骤,对最终产品的性能和品质具有重要影响。

第一,值得关注的是牛奶蛋白纤维形成的技术。牛奶蛋白纤维的制备需要将蛋白质从牛奶中提取出来，并使其形成纤维状结构。在这一过程中，采用了多种高科技技术，如纳米技术、微流体技术和纺丝技术等。纳米技术可以控制材料的微观结构和形态，使纤维具有更加均匀细致的纤维结构。微流体技术则可以精确调控流体的流动性质和温度，有助于控制纤维的形成速度和形态。纺丝技术则是将提纯后的蛋白质溶液通过细孔纺丝板或喷丝头进行拉伸和凝固，使其形成纤维状结构。

第二，需要考虑的是牛奶蛋白纤维物理性能的调控技术。高科技的应用可以有效地调控牛奶蛋白纤维的物理性质，如拉伸强度、弹性模量、断裂伸长率等。通过调整纺丝工艺参数，如纺丝速度、拉伸倍数、加热温度等，可以实现对纤维物理性能的精确控制。此外，采用交联技术、功能改性技术等手段，还可以进一步改善纤维的物理性能，使其具有更高的强度、耐磨性和耐久性。

第三，化学性质的调控也是牛奶蛋白纤维制备过程中的重要环节。高科技的应用可以实现对纤维化学性质的精确控制，如表面活性、生物相容性和抗菌性等。通过添加表面活性剂、功能性添加剂和抗菌剂等，可以改善纤维的表面性质和功能性，使其具有更好的抗菌、吸湿排汗、防紫外线等特性。同时，采用生物降解技术和环保处理技术，还可以实现纤维的生物降解和循环利用，减少对环境的污染和资源的消耗。

2. 牛奶蛋白纤维在纺织行业中的应用

（1）制成熔喷无纺布：牛奶蛋白纤维作为一种新型的生物基材料，具有广泛的应用前景。其中，制成熔喷无纺布是其重要的应用之一。熔喷无纺布是一种以高分子化合物为原料，通过熔融纤维化、喷丝成形和无纺化等工艺制备而成的非织造布，具有纤维均匀、孔隙率高、透气性好等特点。将牛奶蛋白纤维应用于熔喷无纺布的制备中，能够发挥其良好的功能性和性能优势。

第一，牛奶蛋白纤维具有良好的可溶性和成膜性，可作为熔喷无纺布的优良纤维原料。在熔喷过程中，将牛奶蛋白纤维加入高分子化合物中，通过熔融纤维化和喷丝成形工艺，将纤维均匀地喷射到成型板上，形成连续的纤维网状结构。这种结构具有较高的孔隙率和表面积，有利于液体的渗透和气体的透过，使制作出的熔喷无纺布具有良好的过滤性能。

第二，牛奶蛋白纤维本身具有优异的生物相容性和生物降解性，可使制成的熔喷无纺布具有良好的环境友好性。与传统的合成纤维相比，牛奶蛋白纤维不含有毒物质，不会对人体和环境造成污染，符合可持续发展的要求。而且，牛奶蛋白纤维具有良好的生物降解性，可以在一定条件下迅速降解为无害的物质，减少对环境的负面影响，符合绿色环保的理念。

第三，牛奶蛋白纤维本身具有优异的吸水性和吸油性，可使制成的熔喷无纺布具有良好的吸收性能。牛奶蛋白纤维的多孔结构和大表面积使其具有较强的液体吸附能力，可以有效吸收水分和油脂,保持环境干燥和清洁。因此,将牛奶蛋白纤维制成的熔喷无纺布广泛应用于过滤和吸收剂领域,如口罩、卫生巾、湿巾等,能够有效改善传统纺织品在功能上的弊端,满足人们对健康和环境友好的需求。

(2)制成工业用途织物:牛奶蛋白纤维作为一种新型生物基材料,在工业用途织物的制备中展现出了广阔的应用前景。这些织物在各个工业领域具有重要的意义,为工业生产提供了可靠的材料支持,有助于实现资源的整合和利用。

第一,牛奶蛋白纤维具有优异的物理性能和化学性能,使其在工业用途织物中得到了广泛应用。这种纤维的制备工艺经过一系列高科技的加工和改进,使最终的织物具有较高的强度、柔软度和耐久性。与传统的合成纤维相比,牛奶蛋白纤维织物更具有环保性和生物相容性,不含有害物质,不会对工业生产环境造成污染,符合现代工业对环保材料的需求。

第二,牛奶蛋白纤维制成的工业用途织物在资源整合方面具有重要的意义。作为生物基材料,牛奶蛋白纤维源于丰富的天然资源,如乳制品加工剩余物、乳清等,实现了对资源的有效利用和再生利用。通过合理设计和优化生产工艺,可以将这些资源转化为高附加值的工业用途织物,为工业生产提供了可靠的材料支持,促进了资源的整合和循环利用。

第三,牛奶蛋白纤维制成的工业用途织物在各种工业应用中发挥着重要作用。例如,这些织物可以被用于制备高性能过滤材料、吸附材料、隔离材料等,在工业生产过程中起到过滤、分离、吸附等功能,有助于提高产品质量、降低生产成本,实现工业生产的可持续发展。

(3)用于包装领域:牛奶蛋白纤维作为一种生物基材料,具有广泛的应用前景,其中在包装领域的应用尤为突出。这种纤维可以制成各种包装材料,如饮料瓶、吸塑片材等,主要用于食品类商品的包装,为食品安全和保鲜提供了可靠的保障。

第一,牛奶蛋白纤维制成的包装材料具有良好的美观性。其表面光滑,质地均匀,可以呈现出清晰明亮的外观,增加了包装的吸引力和美感。在食品包装领域,良好的外观可以吸引消费者的注意,提升产品的市场竞争力。

第二,牛奶蛋白纤维包装材料具有优异的抗冲击性。由于其分子结构稳定、纤维间连接紧密,使得其具有较高的强度和韧性,能够有效抵御外部冲击和挤压,保护包装物品不受损坏。这种抗冲击性特点尤其适用于食品等易碎物品的包装,为商品的运输和储存提供了有效的保护措施。

第三,牛奶蛋白纤维包装材料还具有良好的环保性能。相较于传统的塑料包装材料,牛奶蛋白纤维材料源于天然资源,不含有对环境有害的化学物质,具有生物降解性和可循环利用性,对环境的影响较小。在当前大众环保意识不断提升的背景下,采用由牛奶蛋白纤维制成的包装材料有助于减少塑料污染，推动包装行业向更加环保、可持续的方向发展。

3. 牛奶蛋白纤维的环保特性和回收利用

（1）资源回收再利用：在一些经济发达的国家，对牛奶蛋白纤维进行回收再利用，可以重复制成各种工业用途的材料，如聚对苯二甲酸乙二醇酯片材等，节省资源并减少对环境的污染。

（2）环保优势：牛奶蛋白纤维本身具有良好的物理性质和化学性质，且源于天然的牛奶，具有较高的环保性。其制备过程中也采用了多种环保技术和工艺，符合现代社会对环保的要求。

（3）广泛应用领域：由于其优良的性能和环保特性，牛奶蛋白纤维在各个行业和产业中得到了广泛应用，为工业生产和产品包装提供了可靠的材料支持。

第三节 | 资源效率提升对绿色发展的影响

一、资源效率提升的必要性与途径

（一）资源紧缺

1. 水资源紧缺

（1）纺织服装产业对水资源的需求：纺织服装产业是典型的水密集型行业，其生产过程需要大量的水资源。从纺纱、织造到染色和整理，几乎每个环节都离不开水的使用。例如，在纺纱过程中，需要大量的清洁水来清洗原料纤维和纺纱机械设备；在染色和整理阶段，更是需要大量的水来溶解染料、清洗面料和定型。因此，纺织服装产业对水资源的依赖性极大，而水资源的紧缺直接影响了产业的正常运转。

（2）水资源紧缺的原因：全球范围内，水资源的日益紧缺主要来自两个方面的问题。首先，是水资源的不均衡分布，许多纺织服装生产基地位于水资源匮乏地区，如中国的西北地区和印度的西北地区等。其次，是水污染问题的加剧，大量的废水排放导致了水质恶化，使得可用的清洁水资源更加匮乏。这些因素共同导致了纺织服装产业面临严重的水资源压力，限制了其持续发展的空间。

2. 能源资源紧缺

（1）纺织服装产业对能源资源的需求：除了水资源外，纺织服装产业还对能源资源有着巨大的需求。在生产过程中，需要大量的电力、燃料等能源资源。例如，生产设备的运转、照明、空调等都需要消耗大量的电能；同时，染色、烘干等工序也需要使用燃料等能源来提供热能。因此，能源资源的消耗量巨大，这不仅对资源造成了浪费，还加剧了环境污染和气候变化等问题。

（2）能源资源紧缺的影响：能源资源的紧缺主要由于化石能源的有限性和不可再生性，如石油、煤炭等。随着全球经济的发展和人口的增长，对能源的需求不断增加，而有限的能源资源供给却无法满足这种增长。这导致了能源资源价格的上涨，加剧了纺织服装企业的生产成本压力。同时，过度依赖化石能源也导致了温室气体排放的增加，加剧了全球气候变化的问题，对人类社会和生态环境带来了严重的威胁。

（二）提升效率

1. 技术创新

（1）引入先进生产工艺和设备：技术创新是提升纺织服装产业资源利用效率的重要途径之一。通过引入先进的生产工艺和设备，可以实现生产过程的智能化、自动化，从而减少人力资源消耗，提高生产效率。例如，采用高效节能的纺织机械设备，建立数字化生产管理系统，可以大幅减少生产过程中的水、电等资源消耗，提高资源利用效率。

（2）优化生产流程：通过优化生产流程，合理安排生产顺序和工艺参数，可以减少生产过程中的资源浪费。例如，采用精益生产理念，进行价值流分析，识别并消除生产过程中的浪费环节，优化供应链管理，减少物料库存，提高生产效率，减少资源消耗。

2. 管理优化

（1）建立健全的资源管理体系：企业可以建立健全的资源管理体系，包括资源使用计划、资源消耗监测和评估、资源利用效率考核等内容，从而实现对资源的科学管理和合理利用。通过建立资源管理信息系统，实时监测和分析资源使用情况，及时发现并解决存在的问题，提高资源利用效率。

（2）加强员工培训和意识教育：企业可以加强员工培训和意识教育，提高员工对资源节约的重视程度和主动性。通过开展节约资源的知识培训和教育活动，使员工认识到资源的宝贵性和有限性，培养节约资源的意识和习惯，从而更加积极地参与到资源节约工作中来。

3. 循环经济

（1）推广绿色设计和环保材料：企业可以采用绿色设计理念，选择环保材料，设计生产出更加耐用、易于回收再利用的产品。通过减少使用一次性材料，提高产品的可循环性和再利用率，实现资源的最大化利用和循环再生利用。

（2）加强废弃物回收和再利用：企业可以加强废弃物回收和再利用工作，将生产过程中产生的废弃物进行分类、收集和处理，实现资源的再生利用。例如，将废弃的面料和纺织品进行回收、再利用，生产新产品，减少原材料的消耗，降低生产成本，实现资源的循环利用。

4. 政策支持

（1）出台相关政策法规：政府部门可以出台相关的政策法规，建立健全的资源管理和环境保护体系，促进纺织服装产业转型升级。例如，加大对技术创新和节能减排的支持力度，鼓励企业采取节约资源、绿色生产的举措，推动产业向绿色、低碳、循环发展的方向转变。

（2）促进产业转型升级：政府可以通过财政支持、税收优惠等政策手段，促进纺织服装产业转型升级。鼓励企业加大技术投入，推动技术创新和产品升级，提高企业的竞争力，实现产业的可持续发展。

二、资源效率与绿色发展的相互关系

（一）资源效率与绿色发展密切相关

1. 资源效率是绿色发展的基础

（1）资源效率的定义和意义：资源效率指在生产和消费过程中更有效地利用资源，从而减少资源的浪费和损耗。这一概念对实现绿色发展至关重要。随着全球经济的不断增长和人口的持续增加，资源的稀缺性和有限性日益凸显，资源效率的提升成为解决资源短缺和环境问题的关键路径。

（2）资源效率与绿色发展的关系：资源效率的提升是实现绿色发展的基础和前提条件之一。绿色发展旨在实现经济增长与环境保护的协调统一，而资源效率的提升恰恰可以实现这一目标。通过提高资源利用效率，可以减少对自然资源的过度开采和消耗，从而降低环境污染和生态破坏，推动经济持续健康发展。

（3）资源效率的影响因素：资源效率受多种因素的影响，包括技术水平、管理水平、市场需求等。技术水平是影响资源效率的关键因素，高效节能的生产技术和设备可以大幅提高资源利用效率。此外，良好的管理水平和市场机制也是实现资源效率提升的重要保障，科学规划和管理资源利用过程，可以最大限度地减少资源的浪费和损耗。

2. 绿色发展需要资源的合理利用

（1）绿色发展的内涵和要求：绿色发展指在实现经济增长的同时，保护和改善环境，实现资源的可持续利用和循环利用。绿色发展要求将经济、社会和环境利益统一起来，实现经济的持续健康发展和生态环境的良性循环。

（2）资源合理利用的重要性：在实现绿色发展的过程中，资源的合理利用是至关重要的。只有合理利用资源，减少资源的浪费和污染，才能实现经济的可持续发展和生态环境的良性循环。同时，资源的合理利用还可以降低生产成本，提高企业的竞争力，促进社会经济的可持续发展。

3. 资源效率是绿色经济的支柱

（1）绿色经济的概念和特征：绿色经济是指通过改变生产和消费方式，实现经济增长与生态环境保护的协调发展。绿色经济的特征包括低碳、节能、资源循环利用等，旨在实现经济的可持续发展和社会的繁荣。

（2）资源效率在绿色经济中的作用：资源效率是绿色经济的重要支柱之一。通过技术创新、管理优化等手段，提高资源的利用效率，可以减少资源的消耗和环境污染，推动经济向绿色、低碳、循环发展的方向转变。资源效率的提升不仅可以促进绿色技术的创新，还可以降低生产成本，提高企业的竞争力，推动经济的可持续发展。

（二）相互促进

1. 资源效率提升推动绿色技术创新

（1）资源效率提升的技术手段：提升资源效率是现代社会实现可持续发展的必由之路。资源效率的提升需要依靠技术手段，其中绿色技术创新是关键。通过引入新技术、新材料和新工艺，可以实现生产过程中能源的节约、废物的减少和资源的高效利用。例如，采用智能制造技术和物联网技术，可以实现生产过程的智能化和自动化，减少人力和能源的浪费。

（2）绿色技术创新的重要性：绿色技术创新是推动资源效率提升的重要手段之一。通过技术创新，可以开发出更加节能环保的生产技术和设备，提高资源的利用效率。例如，开发高效节能的生产设备、推广清洁生产技术、实施循环利用和废弃物资源化利用等措施，可以有效提高生产过程中的资源利用效率，减少资源消耗和环境污染。同时，绿色技术创新也可以推动产业结构的升级和转型，促进经济的可持续发展。

2. 绿色技术创新提升资源利用效率

（1）绿色技术在资源利用中的应用：绿色技术创新可以通过改变传统生产模式，实现资源的高效利用和循环利用。例如，发展循环经济产业，推广绿色能源，采用清洁生产技术等，可以减少对资源的依赖，降低生产成本，提高企业竞争力。另外，绿色技术的应用也可以带来环境效益，例如，减少温室气体排放和污染物排放，保护生态环境。

（2）技术创新对资源效率的影响：绿色技术创新对提升资源利用效率具有重要作用。通过引入绿色技术，可以实现资源的高效利用和循环利用，从而降低生产成本，提高资源利用效率。例如，采用节能环保的生产设备和工艺，可以降低能源和原材料的消耗，减少废弃物的产生，实现资源的循环利用。此外，技术创新还可以推动产业结构的转型和升级，促进经济的可持续发展。

3. 资源效率与绿色发展相辅相成

（1）资源效率提升推动绿色发展：资源效率的提升可以促进绿色发展。通过提高资源利用效率，可以减少资源的消耗和环境污染，实现经济的可持续发展和生态环境的良性循环。资源效率的提升可以推动产业结构的升级，促进经济的转型发展。

（2）绿色发展推动资源效率提升：绿色发展也可以推动资源效率的提升。通过绿色技术创新和管理优化，可以提高资源的利用效率，减少资源的消耗和环境污染，实现资源与环境的双重保护。同时，绿色发展还可以促进经济的转型升级，推动经济向绿色、低碳、循环发展的方向转变。

第五章

纺织服装产业绿色消费与市场需求

••• 第一节

绿色消费的内涵与形式

••• 第二节

绿色消费对纺织服装产业的影响

••• 第三节

市场需求对绿色发展的推动作用

第一节 | 绿色消费的内涵与形式

一、绿色消费的定义与特点

绿色消费是一种考虑环境保护和可持续发展因素的消费行为，其特点主要体现在以下四个方面。

（一）环保意识

1. 绿色消费的概念

绿色消费是指在购买和使用商品或服务时，考虑到环境保护和可持续发展因素，选择对环境影响较小、资源利用效率高、符合环保标准的产品或服务的消费行为。

2. 优先考虑环保性能

绿色消费者在购买决策时，会更加关注产品或服务的环保性能，例如是否采用环保材料、是否具有环保认证等，对环境友好的产品更青睐。

3. 意识提升的重要性

随着环境问题日益严重，消费者绿色消费的意识逐渐增强，消费者对产品的环保性能要求也越来越高，这推动了更多企业向绿色生产和经营转型。

（二）资源节约和循环利用

1. 减少资源消耗

绿色消费者倡导减少资源的消耗，例如节约水、能源等，选择能有效利用资源的产品或服务。

2. 促进循环经济

绿色消费者更倾向于选择能够实现循环利用的产品或服务，例如使用由可回收再利用的材料制成的产品，或选择能够实现循环经济的生产和消费模式。

3. 可持续发展

通过资源的节约和循环利用，绿色消费可以促进社会的可持续发展，实现经济增长与资源保护的协调统一。

（三）健康生活方式

1. 无害化、无污染

消费者越来越关注产品对健康的影响，因此倾向选择无害化、无污染的绿色产品，以保障自己和家人的健康。

2. 关注产品安全

绿色消费者会关注产品是否符合安全标准，例如食品是否含有有害添加剂、化妆品是否含有有毒成分等，以保障身体健康。

3. 健康生活倡导

绿色消费不仅是一种消费行为，更是一种健康生活方式的倡导，通过选择绿色产品和服务，可以实现健康和环保的双重目标。

（四）社会责任感

1. 关注企业社会责任

绿色消费者支持那些在生产过程中关注员工福利、社会公益和企业社会责任的企业，认为这些企业对实现经济效益、环境效益和社会效益的统一起到了积极的作用。

2. 消费者权益保护

绿色消费者通过选择支持社会责任感强的企业，间接促进了企业对消费者权益的保护，增进并提高了市场经济的公平和透明度。

3. 社会共同责任

绿色消费不仅是个体行为，更是社会共同责任的体现，通过共同努力，可以推动社会经济的可持续发展，实现环境保护和社会公平的目标。

二、绿色消费行为的分类与影响因素

（一）绿色消费行为的分类

1. 直接型绿色消费

绿色消费是指消费者在购买产品或选择服务时有意识地考虑环保因素的消费行为。这种消费趋势反映了人们对环境保护和可持续发展的关注，也是对传统消费模式的转变。直接型绿色消费包括多种形式，其中之一是购买有机食品。有机食品在生产过程中通常限制了化学农药和合成肥料的使用，有利于减少对土壤和水资源的污染，同时也提倡了生态友好的耕作方式。此外，消费者还可选择购买环保家电，这些产品通常具有更高的能效比和更少的环境影响。通过购买这些产品，消费者不仅可以减少自己的能源消耗，还能促进制造商生产更加环保的产品，从而推动整个产业链向更为环保的方向发展。

直接型绿色消费不仅体现了消费者的环保意识，也对市场和经济产生了影响。消费者的环保选择可以推动企业改善生产工艺和产品质量，激励企业朝着更环保、更可持续的方向发展。同时，绿色消费还倡导了一种新的消费观念，即购买力量不仅是满足个人需求，也是在支持环保事业。这种观念的普及将对传统的"只考虑价格和功能"的消费习惯造成颠覆，促使更多企业和消费者关注产品的环保属性和社会责任。

然而，要实现真正的绿色消费，还需要克服一些挑战。消费者需要更深入地了解产品的环保性能，以及其在整个生命周期内的环境影响，以避免被一些标榜绿色的产品所误导。另外，价格、便利性等因素也会影响消费者的选择，因此需要综合考量各方面的因素。政府、企业和社会组织的协同努力也十分重要，例如推出相应政策激励绿色消费、提供更多的环保产品选择、加强环境教育等。只有消费者、企业和政府共同努力，才能逐步实现直接型绿色消费的目标，从而推动社会走上可持续的环保发展道路。

2. 间接型绿色消费

间接型绿色消费是指消费者通过选择支持环保的企业、品牌或产品，从而间接推动整个产业链向环保方向转变的消费行为。这种消费模式反映了消费者对环保意识的提升及对企业社会责任的关注，具有一定的引领和示范作用。在当今全球经济高度发展的背景下，间接型绿色消费对促进环保产业的发展和推动全社会迈向绿色发展至关重要。消费者选择购买具有环保认证的品牌产品不仅能直接享受到环保产品带来的好处，更能通过市场机制实现对环保产业的支持和促进。

通过选择支持环保的企业、品牌或产品，消费者可以间接影响整个产业链的发展方向。环保认证的产品通常意味着该产品在生产、物流、包装等方面均符合一定的环保标准和规定，消费者购买这些产品实际上是在支持那些积极致力于环保的企业。这种支持不仅可以鼓励企业继续发展和改进环保技术，还能推动其他企业效仿，形成产业链上的良性竞争，促使更多企业朝着环保、可持续的方向发展。此外，消费者选择环保认证的产品也意味着消费者在某种程度上拒绝了对环境有负面影响的产品，这种市场行为会使那些不重视环保的企业感受到市场压力，从而转变其生产经营方式，逐渐向环保方向靠拢。

然而，要达成有效的间接型绿色消费，消费者需要具备一定的环保意识和知识。他们需要了解各种环保认证的含义和标准，以便正确地选择符合自身需求和环保期待的产品。同时，企业也应当积极响应消费者的环保需求，积极申请环保认证，并坚持环保理念，这样才能真正实现"消费者为王"的理念，促进整个产业链更好地服务于环保事业。政府在其中扮演着重要角色，需要建立和完善相关法律法规，推动企业自律，引导消费者健康消费，共同推动间接型绿色消费成为一种可持续的消费模式，并最终实现环保发展的目标。

（二）绿色消费行为影响因素

消费者的绿色消费行为受多种因素的影响，包括个人因素、社会因素和市场因素等。

1. 个人因素

个人因素对绿色消费行为产生重要影响。首先，环保意识是决定消费者选择绿色产品的关键因素。随着环境问题日益凸显，越来越多的消费者开始关注并认识到自己的消费行为对环境的影响。这种意识的形成涉及许多因素，包括教育背景、媒体宣传和生活经验等。具有较高环保意识的消费者更容易接受和采纳绿色消费理念，从而更倾向于选择环保产品。另外，环保知识水平也对绿色消费行为产生重要影响。了解各种环保标志、认证和产品的环保性能对消费者正确选择绿色产品至关重要。消费者对环保问题的认知程度直接影响其对绿色产品的识别和认可，进而影响其绿色消费行为。在这一过程中，媒体、教育和信息途径的作用不可忽视，它们对提升消费者的环保知识水平至关重要。此外，个人的经济能力也对绿色消费行为产生直接影响。相比于传统产品，一些绿色产品可能具有较高的价格，这就需要消费者有一定的经济能力才能支撑绿色消费。因此，消费者的经济状况将对其购买绿色产品的意愿和行为产生重要影响。

个人因素如环保意识、环保知识水平和经济能力直接影响着消费者的绿色消费行为。增强和提升消费者的环保意识和知识水平、改善消费者的经济能力将有助于推动更多人参与到绿色消费之中。对此，社会应当通过教育、宣传和政策引导，增强和提升消费者的环保意识和知识水平，同时企业也需关注消费者的经济状况，打造多元化的绿色消费产品和服务，促进消费者进行更广泛、更深入的绿色消费，共同推动可持续发展和环保事业的发展。

2. 社会因素

社会因素在塑造消费者的绿色消费行为中起着至关重要的作用。首先，媒体宣传是社会影响力的重要来源之一。媒体作为信息传播的主要平台，承担了推广环保理念和引导消费者进行绿色消费的重要任务。通过各种媒体形式，如新闻报道、广告宣传、公益活动等，媒体可以增进公众对环保问题的认识，引导消费者关注环保产品的选择和环保行为。另外，社会风气也对消费者的绿色消费行为产生重要影响。社会文化对塑造人们的观念和行为有着深远的影响，一个推崇环保、可持续发展的社会风气能促使更多的消费者主动选择绿色产品并参与环保活动。在这种社会氛围下，个体的绿色消费行为将得到更多地认可和支持，从而形成社会共识和共同努力。最后，家庭教育也是社会因素中不可或缺的一环。家庭作为个人成长的第一课堂，对塑造孩子的价值观和行为习惯起着决定性作用。通过对环保意识的培养、对绿色生活方式的引导，家庭可以为孩子们奠定环保消费的基础，使他们在未来成为具有环保责任感的消费者。

社会因素包括媒体宣传、社会风气和家庭教育，它们在促进消费者绿色消费行为方面具有不可替代的作用。随着社会不断发展，倡导绿色消费已经成为社会发展的共识。为了更好地推动绿色消费，社会应当进一步加强媒体宣传，倡导环保理念；营造鼓励环保、支持绿色消费的社会风气；加强家庭教育，引导下一代形成积极的环保意识。通过社会各界的共同努力，可以进一步推动绿色消费的普及和发展，促进环保事业取得更大成就，实现可持续发展目标。

3. 市场因素

市场因素在塑造消费者的绿色消费行为中起着重要作用。首先，产品价格是影响消费者购买决策的关键因素。绿色产品往往会因为环保材料、生产工艺等成本较高而价格昂贵，这可能会成为一部分消费者选择传统产品而非绿色产品的原因。因此，在市场中，价格竞争以及政府相关政策对价格的调控都将直接影响消费者对绿色产品的接受度。其次，品质保证是消费者选择绿色产品的重要考量因素。消费者希望购买到的绿色产品不仅在环保方面有所体现，同时在使用寿命、性能稳定性等方面也能得到保证。因此，绿色产品的品质和可靠性对消费者的购买决策至关重要。最后，服务质量也是影响消费者绿色消费意愿的重要因素之一。消费者在购买产品的同时，也注重售后服务、投诉解决以及退换货政策等方面的保障。优质的服务将提升消费者的购买体验，增强其对绿色产品的信任度和忠诚度。

市场因素包括产品价格、品质保证和服务质量，它们在消费者的绿色消费行为中扮演着不可或缺的角色。市场的稳定和健康发展需要厂商提供价格公道、品质有保证的绿色产品，并提供优质的售后服务，以满足消费者对绿色消费的需求。通过市场机制的有效运作和政府、企业以及消费者的共同努力，可以促进绿色消费理念的深入人心，推动整个社会向着更加环保、可持续的方向发展。

第二节 | 绿色消费对纺织服装产业的影响

一、绿色消费对纺织服装产品的影响与需求分析

绿色消费对纺织服装产品的影响日益显著，消费者越来越关注服装的环保性能和生产过程中的环境影响。因此，纺织服装企业需要不断调整产品结构，注重产品的环保性能和品质，以满足消费者的绿色消费需求。

（一）消费者对环保材料的需求增加

1. 有机棉的受欢迎程度

消费者对纺织服装产品材料的选择趋向环保性能的选项。在这一趋势中，有机棉是一种备受关注的有机纤维材料。有机棉的受欢迎程度主要源于其在种植和加工过程中的

环保特性。首先，有机棉的种植过程不使用化学农药和化肥，这意味着在种植过程中减少了对土壤、水源和生态系统的污染和损害。相比之下，传统棉花种植通常需要大量的化学农药和化肥，对环境造成了较大的负面影响。其次，有机棉在纺织加工中遵循严格的绿色生产标准，避免使用有害化学物质，减少了对环境和工人健康的风险。这种绿色生产方式不仅符合消费者对无毒、无污染产品的追求，也为纺织行业的可持续发展提供了一种可行的路径。因此，有机棉作为一种环保、可持续的纤维材料，受到越来越多消费者的青睐。随着消费者环保意识的提升，有机棉的市场需求也在逐渐增加。然而，有机棉的生产成本相对较高，使得其价格相对传统棉花更昂贵。因此，虽然消费者对有机棉的偏好日益增加，但其在市场中的份额仍然相对较小。为了推动有机棉在纺织行业的更广泛应用，需要企业和政府共同努力，通过技术创新、政策支持等手段，降低生产成本，提高有机棉的竞争力，进一步满足消费者对环保产品的需求。

2. 竹纤维的环保优势

竹纤维因其独特的环保优势而备受消费者青睐。其环保优势主要体现在以下三个方面。第一，竹纤维的生产过程更为环保。竹子是一种生长迅速的植物，具有很强的生命力和自我修复能力。相比之下，传统纤维的生产往往需要大量的化肥和农药，而竹子的种植过程中不需要施用这些化学物质，减少了对土壤和水源的污染，降低了对环境的负面影响。第二，竹子的根系也能有效防止土壤侵蚀，保护生态系统的稳定。另外，竹纤维具有天然的抗菌性能。竹子含有丰富的醋酸等天然成分，具有抑制细菌生长的作用，可以有效地减少纺织品表面的细菌滋生，保持纤维的清洁和卫生。这使竹纤维制成的纺织品更加适合于日常生活使用，符合消费者对健康、安全的追求。第三，竹纤维还具有良好的透气性、吸湿排汗等特性，使得穿着竹纤维制成的服装更加舒适和适应各种气候环境。

3. 大豆蛋白纤维的市场前景

大豆蛋白纤维由于其柔软、亲肤等优异特性备受推崇，并且在市场上具有广阔的前景。首先，大豆蛋白纤维的柔软性使其在纺织品中具有出色的舒适性。这种纤维具有与人体皮肤接触时的柔软感，能够给人带来舒适的穿着体验，因此在内衣、家居服等领域得到广泛的应用。其次，大豆蛋白纤维的亲肤性使其在纺织品中有良好的触感和适用性。大豆蛋白纤维的特殊结构使其纤维表面光滑，不易产生静电，且具有一定的抗菌性，有助于维持皮肤的健康状态，因此受到皮肤敏感的消费者青睐。此外，大豆蛋白纤维还具有良好的吸湿性和透气性，能够有效地排汗和调节体温，使其在运动服装、夏季服装等领域有着广泛的应用前景。除了产品性能的优越性外，大豆蛋白纤维的生产过程对环境污染较小，符合现代消费者对环保产品的追求，因此在绿色消费的大背景下，大豆蛋白纤维在市场上具有巨大的潜力和发展空间。随着消费者对舒适性、健康性和环保性能要求的不断提高，大豆蛋白纤维作为一种具有优异性能和环保特性的纤维材料，将会得到越来越多的关注和应用，其市场前景将会更加广阔。因此，大豆蛋白纤维有望在未来成为纺织行业的重要发展方向之一。

4. 纺织服装企业的供应链调整

纺织服装企业在当前日益强调环保和可持续发展的市场环境下，必须调整其供应链以适应消费者对环保材料的增长需求。这一调整涉及多个方面，包括与环保认证机构的合作、引进符合环保标准的原料、与生态友好的供应商合作以及建立可追溯的生产体系等。

第一，企业需要与环保认证机构展开合作。这些认证机构通常负责审核和认证原料的环保性能，确保其符合一系列环保标准和法规要求。通过与这些认证机构合作，企业可以获得权威认证，证明其产品在原料选择和生产过程中符合环保标准，增强消费者对产品环保性能的认同感。

第二，企业需要引进符合环保标准的原料。这可能涉及对原有供应链的调整，寻找更环保的替代原料。例如，企业可以选择使用有机棉、竹纤维、大豆蛋白纤维等天然材料，这些材料在生产过程中通常不使用化学农药和化肥，对环境污染较小，符合消费者对环保材料的偏好。

第三，企业还应积极与生态友好的供应商合作。这些供应商通常注重可持续发展和环境保护，在原料生产和加工过程中采用环保技术和方法，致力于减少对环境的负面影响。与这些供应商合作可以帮助企业获取更环保、可信赖的原料，为产品的环保性能提供更强有力的支持。

第四，企业需要建立可追溯的生产体系。通过建立完善的生产记录和追溯系统，企业可以跟踪原料的来源、生产过程中的每一个环节以及产品的最终出货情况。这样的生产体系不仅有助于确保产品的环保性能符合认证要求，还可以提供给消费者更可信赖的环保产品选择，增加消费者对企业品牌的信任度。

5. 创新混纺材料的发展

为满足消费者对环保材料不断增长的需求，纺织服装企业不断探索创新，其中混纺材料的开发成为一项重要举措。混纺材料指的是将环保纤维与其他功能性纤维相结合，以提升产品性能和品质的材料。这种创新在纺织业中具有重要意义，因为它既满足了消费者对环保性能的追求，又能够给消费者提供更多样化、多功能化的产品选择。

第一，混纺材料的开发为企业提供了广阔的创新空间。通过将环保纤维与其他功能性纤维相结合，企业可以在保证环保性能的前提下，赋予产品更多的特性和功能。例如，将有机棉与具有抗菌功能的纤维混纺，可以制造出具有抗菌、透气、吸湿排汗等特性的纺织品，满足了消费者对健康、舒适性的双重需求。这种创新混纺技术为企业带来了更广阔的市场空间和竞争优势。

第二，混纺材料的开发提升了产品的性能和品质。传统的纺织品材料往往只具备某一方面的功能特性，而混纺材料则可以综合利用不同纤维的优势，弥补各自的不足，提升产品的整体性能。例如，在户外运动服装领域，将具有耐磨性的聚酯纤维与具有吸湿排汗功能的竹纤维混纺，可以制造出既耐用又舒适的运动服装，满足了消费者对功能性和舒适性的双重需求。因此，混纺材料的应用可以使产品更具市场竞争力，提升企业的品牌价值和市场份额。

第三，混纺材料的开发也推动了纺织产业的可持续发展。通过将环保纤维与其他功能性纤维混纺，可以减少对传统化学纤维的使用，降低对环境的影响。例如，将竹纤维与再生聚酯纤维混纺，不仅能提升产品的性能，还能够减少对传统石油资源的依赖，以及碳排放，符合可持续发展的理念。因此，混纺材料的开发有助于推动整个纺织产业向着更加环保、可持续的方向发展。

（二）消费者对环保工艺的要求提高

1. 低污染、低能耗的生产工艺的需求

消费者对纺织服装产品的生产工艺提出了更高的环保要求，这反映了当今社会对可持续发展和环境保护的日益关注。因此，纺织服装企业需要采取低污染、低能耗的生产工艺，以满足消费者对环保的期待。这种需求推动着企业不断探索创新，使其寻求更环保、更可持续的生产方式。

首先，消费者希望企业采用低污染的生产工艺。传统的纺织生产过程往往伴随大量的废水、废气排放，对环境造成严重的污染。因此，消费者希望企业采取有效的措施，减少污染物的排放。这可能涉及采用更环保的生产设备和技术，优化生产流程，减少污染物的生成和排放。例如，企业可以引入先进的污水处理设备，对生产过程中的废水进行处理和净化，以达到排放标准并减少对环境的负面影响。

其次，消费者对低能耗的生产工艺也提出了要求。传统的纺织生产过程往往消耗大量的能源，导致能源资源的浪费和环境负荷的增加。因此，消费者希望企业能采用更节能的生产工艺，减少能源的消耗。这可能涉及采用高效节能的生产设备，优化生产流程，减少能源消耗。同时，企业还可以考虑引入可再生能源，如太阳能、风能等，以减少对传统能源的依赖，减少碳排放。

除了减少污染物排放和能源消耗外，消费者还希望企业能够采取其他措施，减少生产过程对环境的损害。例如，企业可以推行循环经济理念，加强废物回收利用，减少生产过程中的资源消耗和环境负荷。此外，企业还可以采用环保原料和环保包装，减少对环境的影响，提升产品的整体环保性能。

2. 纺织服装企业的技术投入与应用

纺织服装企业为了满足消费者对环保产品的需求，需要投入更多的资源进行绿色生产技术的研究和应用。在这个过程中，采用节能减排的技术成为关键。企业可以通过多种途径来实现节能减排，从而减少对环境的影响，提高生产的环保性能。

第一，企业可以注重回收利用水资源。纺织生产过程中通常会消耗大量的水资源，而且生产过程中产生的废水也是一项重要的环境问题。因此，采取水资源回收利用技术可以有效地减少水的浪费，并通过净化处理后再次利用，降低对水资源的过度消耗，减少对水环境的污染。

第二，企业可以减少化学物质的使用。传统的纺织生产过程中经常使用大量的化学物质，这些化学物质不仅对环境造成污染，还可能对工人的健康构成威胁。因此，通过研发和应用环保型的替代品，或者优化生产工艺，减少对化学物质的依赖，可以有效减少对环境的影响。

第三，企业还可以采取措施优化生产排放。生产过程中产生的废气、废水和固体废物是主要的环境污染源之一。通过引入先进的排放治理技术和设备，企业可以有效地控制和减少污染物的排放，达到节能减排的目的。例如，采用高效的废气处理设备、建立废水处理系统等措施，可以有效地减少污染物的排放及对环境的损害。

第四，企业还可以推动生产过程的智能化和自动化。通过引入先进的生产设备和信息技术，优化生产流程，提高生产效率，减少能源消耗和原材料浪费，从而达到节能减排的效果。

3. 提升生产环境的透明度和认证标准

为了满足消费者对环保工艺的持续关注，纺织服装企业越来越注重提升生产环境的透明度和认证标准。这一趋势不仅体现了企业对环保责任的担当，还满足了消费者对产品环保性能的需求，并提高其对企业的信任度和忠诚度。

首先，企业可以通过提升生产环境的透明度来增加消费者的信任度。透明度意味着企业公开生产过程中所采用的材料、生产工艺、废物处理等信息，使消费者能够清楚地了解产品的生产背景和环保性能。通过透明的生产环境，消费者可以更加信任企业的产品，并愿意购买和支持这些产品。

其次，企业可以通过申请并获得世界各地的环保认证标准来提升产品的环保性能认可度。例如，OEKO-TEX Standard 100 认证是全球知名的纺织品生态标准之一，其认证范围涵盖了纺织品的各个环节，包括原料、生产过程、成品等，被 OEKO-TEX 认证的产品符合环保标准，消费者可以放心使用。另外，全球有机纺织品标准（GOTS）也是一个重要的环保认证标准，专门针对有机纺织品，要求企业在整个生产链上都使用有机原材料，并且符合一系列环保和社会责任要求。获得这些认证标准将有效提升产品的环保性能认可度，增加消费者对产品的信任度。

除了主动申请认证标准外，企业还可以积极参与行业内的环保认证活动和评选，争取获得更多的荣誉和认可。例如，一些行业协会可能会组织评选最佳环保企业、最佳环保产品等活动，通过参与并获得这些荣誉，企业可以进一步树立起自己在环保领域的形象和地位，增加消费者对企业的信任度。

（三）消费者对产品质量和健康安全性的关注增加

1. 健康安全的重要性

除了环保性能外，消费者对服装产品的品质和健康安全性的关注度越来越高。这种趋势的增长源于消费者对健康安全的日益重视，以及对服装制造过程中可能存在潜在风险的担忧。在这个背景下，了解健康安全性的重要性对纺织服装企业来说至关重要。

第一，健康安全性直接关系到消费者的身体健康。服装是人们日常生活中不可或缺的一部分，直接接触皮肤，因此服装产品中可能存在的有害物质或化学残留对人体健康可能造成潜在威胁。消费者对服装产品中有害物质的关注主要集中在重金属、染料残留、甲醛等有害物质，这些物质可能引发皮肤过敏、呼吸系统问题等健康问题。因此，确保服装产品不含有害物质，保证其健康安全性对企业来说至关重要。

第二，健康安全性与企业声誉和品牌形象息息相关。一旦某个品牌的产品被发现存在健康安全问题，不仅会损害企业的声誉，还可能导致消费者的流失和市场份额的下降。因此，企业加强对产品的健康安全性控制，不仅可以提高产品的竞争力，还能提升品牌形象，赢得消费者的信任和支持。

第三，随着消费者对健康和环境的重视程度不断提高，政府和监管机构也加强了对纺织服装产品健康安全性的监管和管理。企业如果无法保证产品的健康安全性，可能面临着法律诉讼、处罚和监管风险。因此，加强对产品健康安全性的管理和控制，不仅是企业自身发展的需要，也是顺应市场和法律法规的要求。

2. 第三方检测机构的合作与质量保障

加强与第三方检测机构的合作是纺织服装企业为了满足消费者需求、确保产品质量和健康安全性的重要举措。这种合作可以有效地提升产品的质量保障水平，增加消费者对产品的信任度，同时也有助于企业与市场的良性互动与发展。

第一，第三方检测机构能为企业提供专业、全面的产品检测服务。这些机构通常拥有先进的检测设备和丰富的检测经验，能针对纺织服装产品进行各项指标的检测，包括化学物质残留、重金属含量、纤维成分、色牢度等方面。通过与这些专业机构合作，企业可以及时获得产品的检测报告，并根据检测结果进行调整和改进，以确保产品符合和满足相关的法规标准和消费者的健康安全需求。

第二，与第三方检测机构的合作可以提升产品质量的可信度和可靠性。由于第三方检测机构处于独立、客观的地位，其检测结果往往更具有说服力和公信力。消费者更愿意相信由专业的第三方机构出具的检测报告，因此，企业可以通过与这些机构合作，向消费者传递产品具有质量和健康安全保障，增强产品的市场竞争力。

第三，与第三方检测机构的合作也有助于企业建立起健全的质量保障体系。这种合作关系可以促使企业建立起规范的产品检测流程和标准化的管理机制，从而确保产品质量的稳定和可持续性。通过不断改进和完善质量保障体系，企业可以提升自身的生产管理水平，降低产品质量风险，提高生产效率和产品竞争力。

3. 行业协会的标准与售后服务

与行业协会的合作对纺织服装企业而言是提升产品质量和服务水平的重要途径。通过与行业协会合作，企业可以制定更严格的产品质量标准和检测方法，建立健全的质量保障体系，从而提升产品质量和满足消费者需求。

第一，与行业协会合作制定产品质量标准和检测方法可以确保产品质量的稳定和可靠。行业协会通常由行业内的专家和权威机构组成，他们对行业发展趋势和技术要求具有深刻的见解和丰富的经验。通过与这些专业机构合作，企业可以借鉴行业内部的最佳实践，制定适用于企业自身的产品质量标准和检测方法，从而确保产品质量的稳定性和一致性。

第二，建立健全的质量保障体系可以提高产品的用户体验和满意度。通过建立质量反馈机制，企业可以及时了解消费者的需求和意见，针对性地改进产品设计和生产工艺，提升产品的质量和性能。同时，健全的售后服务体系也能够为消费者提供更加完善的售后支持和服务，提升用户体验，增加消费者对产品的信赖度和忠诚度。

第三，与行业协会合作还可以促进行业内部的信息共享和技术交流。通过参与行业协会组织的会议、研讨会和培训活动，企业可以与同行业其他企业进行经验交流和技术分享，获取最新的行业动态和技术发展趋势，从而保持企业的竞争优势和创新能力。

4. 环保与品质的整合

实现环保与品质的整合对纺织服装企业而言是一项挑战，但也是一个重要的发展方向。在产品设计和生产中兼顾环保与品质，需要企业在多个方面进行综合考量和努力。

第一，选择高品质的环保材料是实现环保与品质整合的关键。企业需要寻找并选择那些不仅具有良好的环保性能，还具备其他优良品质和性能的材料。这可能涉及有机棉、竹纤维、大豆蛋白纤维等环保材料的应用。这些材料在生产过程中不使用农药和化肥，对环境污染较小，同时也具有良好的舒适度、吸湿排汗等性能，满足消费者对高品质和环保的双重需求。

第二，采用环保工艺是实现环保与品质整合的重要手段。企业需要不断探索和应用符合环保要求的生产工艺，减少能源消耗和污染排放，提高生产效率的同时，降低对环境的影响。例如，采用水平生产线、循环利用废水、减少化学物质的使用等技术手段，可以有效减少生产过程中的能源消耗和环境污染，提升产品的环保性能和品质。

第三，确保产品符合健康安全标准也是实现环保与品质整合的重要环节。企业需要加强与第三方检测机构的合作，对产品进行全面的健康安全性测试，确保产品不含有害物质，符合相关法规标准，以保障消费者的健康和安全。同时，建立健全的质量保障体系和售后服务体系，及时解决消费者的投诉和问题，提升产品的用户体验感和满意度。

二、绿色消费导向的产品创新与营销策略

（一）环保材料的研发和应用

1. 拓展环保材料种类

（1）可降解纤维的研发与应用：随着消费者环保意识的提升，可降解纤维作为新型环保材料备受人们关注。企业可以加大对可降解纤维的研发投入力度，探索生产工艺和材料组合，以满足消费者对可持续发展的需求。例如，利用生物可降解聚合物或天然纤维制备的可降解纤维，可以在服装生命周期结束后自然分解，减少对环境的负面影响。

（2）再生纤维的开发与推广：再生纤维是利用废弃纤维、废弃纺织品或其他可再生资源制备的纤维，具有节能、减排、资源循环利用等优点。企业可以通过技术改进和工艺创新，开发出更多种类的再生纤维，如再生棉、再生聚酯等，以减少原材料消耗及对自然资源的压力，实现可持续发展。

2. 提升环保材料的性能和品质

（1）改良生产工艺：为了提升环保材料的性能和品质，企业可以改良生产工艺，优化生产流程。通过控制纤维结构、调整纤维比例等方式，可以改善材料的柔软度、透气性、耐磨性等性能指标，提升产品的舒适度和耐用性。

（2）加强材料研发与测试：企业可以加强对环保材料的研发和测试，不断提升材料的品质和性能。通过与科研机构合作，开展材料性能测试和评估，确保材料符合相关标准和要求。同时，企业还可以利用先进的技术手段，如纳米技术、生物技术等，改进材料的结构和性能，提升产品的竞争力。

（二）生产工艺的优化与创新

1. 采用低能耗、低污染的生产工艺

（1）优化生产流程：为了降低对环境的影响，纺织服装企业可以通过优化生产流程来减少能源消耗和污染排放。例如，采用节能型生产设备、优化生产布局，减少能源损耗和生产过程中的废弃物产生。

（2）循环利用资源：企业可以积极推行资源循环利用，减少废弃物排放。通过收集、处理和再利用废弃材料和废水，降低对环境的负荷。例如，将废弃纱线、布料等再生利用，制作成新的纺织产品，实现资源的最大化利用。

（3）采用清洁能源：为了降低对环境的影响，企业可以考虑采用清洁能源，如太阳能、风能等替代传统的化石能源。通过利用可再生能源，企业可以减少二氧化碳排放，减少对大气环境的污染。

2. 推动工艺创新与智能化生产

（1）引入智能化生产设备：为了提高生产效率和降低成本，企业可以引入智能化生产设备。通过采用先进的传感器、自动化控制系统等技术，实现生产过程的智能化和自动化，提高生产效率和产品质量。

（2）实施数字化生产：企业可以建立并利用数字化生产管理系统，实现生产过程的数字化监控和管理。通过实时监测生产数据，优化生产计划和调度，提高生产效率和资源利用率，减少能源消耗和废物产生。

（3）创新生产工艺：为了进一步减少能源消耗和污染排放，企业可以不断创新生产工艺。例如，采用高效节能的染色工艺、水洗工艺等，减少化学物质的使用和废水排放，实现绿色生产。

（三）绿色营销策略的实施

1. 产品认证与环保标签

（1）申请绿色产品认证：企业可以积极申请各种绿色产品认证，如OEKO-TEX、GOTS等认证。这些认证机构对产品的环保性能和安全性进行严格审核，通过认证可以向消费者证明产品的环保优势，增强产品的市场竞争力。同时，认证标识也可作为产品的品质保证，提升消费者的信任度。

（2）添加环保标签：在产品包装或标识上添加环保标签，如"环保材料""可再生纤维"等标识，可以直观地向消费者展示产品的环保性能。这些标签不仅可以增加产品的吸引力，还可以帮助消费者更快地识别出符合环保要求的产品，促进绿色消费的发展。

2. 绿色广告与宣传活动

（1）制作环保主题广告：企业可以通过制作环保主题的广告，向消费者传递企业的环保理念和产品的环保优势。这些广告可以通过电视、网络、社交媒体等多种渠道进行推广，吸引消费者的注意力，提升企业的品牌知名度和美誉度。例如，可以制作关于环保材料生产过程的视频，展示企业的环保实践和承诺，引导消费者积极参与绿色消费。

（2）举办环保活动：企业还可以举办各种环保活动，如环保讲座、环保义工活动等，积极参与社会公益事业，传递企业的社会责任感和环保理念。通过与环保组织、公益机构等合作，可以扩大活动的影响力，吸引更多消费者的关注和参与，树立企业良好的社会形象。

（四）社会责任与公益活动

1. 关注员工福利与生活品质

（1）增加员工薪酬：企业可以通过增加员工薪酬来提升他们的生活品质和工作满意度。合理的薪酬制度不仅能激励员工的工作积极性，还可以吸引和留住优秀的人才。此外，建立绩效考核制度，根据员工的表现给予相应的奖励，激发员工的工作热情和创造力。

（2）改善工作环境：良好的工作环境是保障员工健康和提升工作效率的重要条件。企业可以投入资金改善工作场所，为员工提供舒适、安全的工作环境。例如，改善通风设施、提供舒适的工作台和座椅、合理规划工作空间等，为员工营造一个良好的工作环境。

（3）提供培训机会：为了提升员工的职业素质和个人能力，企业可以提供各种培训机会。通过组织内部培训、外部培训和职业发展规划，帮助员工不断提升自己的专业技能和综合素质，提高自身竞争力和职业发展空间。

2. 参与环保公益活动

（1）植树造林：企业可以积极参与植树造林等环保公益活动，为改善环境贡献自己的力量。通过组织员工参与植树义工活动，企业不仅可以提升员工的环保意识，还可以改善当地的生态环境，实现可持续发展。

（2）垃圾分类：垃圾分类是环保的重要举措之一，企业可以通过开展垃圾分类宣传教育活动，引导员工和社会大众养成良好的环保习惯。通过设立垃圾分类桶、发布垃圾分类宣传资料等方式，提高大家对环境保护的重视程度，共同建设美丽家园。

（3）环境保护宣传：企业可以利用自身资源和影响力，积极开展环境保护宣传活动。通过举办环保讲座、发布环保公益广告等方式，向社会传递环保理念，引导人们节约资源、保护环境，共同建设绿色家园。

第三节 | 市场需求对绿色发展的推动作用

一、市场需求变化对纺织服装产业的影响

市场需求的变化对纺织服装产业具有深远影响，特别是随着消费者环保意识的增

强,绿色消费需求的不断增长,对产业发展产生了重要影响:

(一) 消费者偏好转变

1. 环保意识的增强

随着环保意识的不断普及和强化,消费者对纺织服装产品的偏好发生了转变。越来越多的消费者开始关注产品的环保性能和生产过程中的环境友好性,更倾向于选择具有绿色、可持续特性的产品。他们意识到自己的购买行为会对环境和社会产生影响,因此更愿意选择那些对环境友好的产品,这种偏好转变深刻地影响着纺织服装产业的发展方向。

2. 偏好产品属性的调整

消费者对产品属性的偏好也在发生变化。传统上,消费者更关注服装的外观设计、价格和品牌等因素,但随着环保意识的增强,他们开始更加注重产品的质地、材料来源、生产工艺等与环保相关的属性。因此,纺织服装企业需要更加关注产品的环保特性,以满足消费者日益增长的环保需求。

3. 绿色消费观念的普及

随着绿色消费观念的普及,越来越多的消费者开始意识到他们的购买行为可以对环境和社会产生积极的影响。他们认为选择环保产品是一种责任和担当,因此愿意支持那些致力于环保的企业和品牌。这种观念的普及推动了绿色消费需求的增长,也对纺织服装产业的发展产生了深远影响。

(二) 市场竞争格局改变

1. 环保企业竞争优势凸显

随着消费者环保意识的增强,注重环保的企业在市场上拥有了更大的竞争优势。这些企业通过不断创新,推出符合环保标准的产品,并积极传播企业的环保理念,赢得了消费者的信赖和支持。其在市场上的竞争地位逐渐上升,影响着整个产业的竞争格局。

2. 传统企业市场份额下降

与此同时,传统生产模式下的企业面临着市场份额的压缩和竞争压力的加大。由于消费者对环保产品的偏好转变,这些企业的产品在市场上逐渐失去竞争优势,市场份额受到挑战。因此,它们需要调整战略,加强对消费者环保需求的满足,以保持市场竞争力。

(三) 法律法规约束加强

1. 环保法律法规的完善

随着环保意识的增强,各国政府对环保法律法规的制定和完善也越来越重视。这些法律法规对纺织服装产业的生产和经营活动产生直接影响,要求企业必须遵守环保标准和要求，保障生产过程的环保性。企业必须对法律法规的变化保持敏感，并及时调整自己的生产方式和产品结构，以适应法律法规的要求。

2. 环保认证标准的普及

为了更好地保障消费者的环保权益，各种环保认证标准也得到了更广泛的应用。诸如 OEKO-TEX、GOTS 等环保认证标准，已成为消费者选择产品的重要参考依据。企业如果能获得这些认证，不仅能提升产品的市场竞争力，还能增强消费者对产品的信任度，提升品牌形象和口碑。

二、绿色发展与市场需求的相互促进关系

市场需求的变化不仅对纺织服装产业产生影响，同时也推动了绿色发展的进程，二者之间存在着相互促进的关系。

（一）促进技术创新

1. 绿色产品需求的激发

市场对绿色产品的需求日益增长，消费者越来越关注产品的环保性能和可持续性。为了满足这一需求，纺织服装企业不断加大对环保技术的研发和应用。这种市场需求的激发推动了企业加大对绿色技术创新的投入，推动了纺织服装产业向绿色、低碳、循环发展方向的转型。

2. 技术创新的加速

面对市场对绿色产品的迫切需求，纺织服装企业加快了技术创新的步伐。它们积极探索新的生产工艺、绿色原材料和环保纤维，开发出更环保、可持续的产品。这些创新不仅提升了产品的环保性能，还提高了生产效率和质量水平，推动了整个产业的技术升级和产业转型。

3. 产业升级的推动

市场需求的变化促使纺织服装产业向绿色、低碳、循环发展方向的转变。企业在满足市场需求的同时，也在推动着整个产业的升级。绿色技术的应用不仅提升了企业的竞争力，还推动了产业结构的优化和产业链的升级，推动了整个产业向更加环保和可持续的方向发展。

（二）引导企业发展方向

1. 产品结构调整

市场对绿色产品的需求变化引导企业调整产品结构，加大对绿色产品的生产和销售力度。企业逐渐淘汰传统的、环境污染大的、资源消耗高的产品，转向生产更环保、可持续的产品。这种市场需求的变化引导企业朝着更加环保、可持续的发展方向调整产品

结构，推动了产业的转型升级。

2. 生产方式改变

为了满足市场对绿色产品的需求，企业不断调整生产方式，采用更环保、低碳的生产工艺和技术。它们优化生产流程，提高资源利用效率，减少能源消耗和排放，推动了生产方式的转型。这种转变不仅有利于降低企业的生产成本，还有利于减少环境污染，推动了产业朝着更加环保和可持续的方向发展。

3. 绿色产业链的形成

市场需求的变化促使纺织服装产业形成了绿色产业链。从原材料供应、生产加工到产品销售，各个环节都逐渐实现了绿色化、低碳化、循环化。企业与环保材料供应商、环保认证机构等合作紧密，构建起可追溯的绿色产业链。

（三）加强社会责任意识

1. 产品质量与环保性能的提升

面对市场对绿色产品的需求，企业更加重视产品质量和环保性能。它们注重产品的品质和环保特性，努力提高产品的质量和环保性能，满足消费者日益增长的环保需求。这种市场需求的变化促使企业加强了对产品质量和环保性能的管理和控制，推动了产品的不断升级和优化。

2. 积极参与环保活动

为了响应市场对绿色产品的需求，企业积极参与各种环保活动和公益事业。它们通过组织环保宣传活动、参与环保公益项目等方式，传播环保理念，增强消费者的环保意识，推动社会的可持续发展。这种积极参与有助于提升企业的社会责任形象，树立良好的企业形象，增强市场竞争力。

3. 健全售后服务体系

为了满足消费者对品质和健康安全性的需求，企业加强了售后服务体系的建设。它们提供更加完善的售后服务，及时处理消费者的投诉和反馈，保障消费者的权益和利益。这种健全的售后服务体系不仅提高了消费者的满意度和忠诚度，还提升了企业的品牌形象和市场竞争力。

第六章

区域性纺织服装产业的实证分析

- • • 第一节
  区域性纺织服装产业的历史背景和发展现状

- • • 第二节
  区域性纺织服装产业的特点与优势

- • • 第三节
  区域性纺织服装产业在绿色发展中的挑战与机遇

第一节 | 区域性纺织服装产业的历史背景和发展现状

区域性纺织服装产业的历史背景和发展现状，以江西省赣州市于都县为案例，展现红色文化区在纺织服装产业方面的发展轨迹。

一、区域性纺织服装产业的历史背景

（一）红色文化区的历史传承

江西省赣州市于都县作为革命老区，拥有着丰富的革命历史文化，尤其是作为红军长征的重要起点之一，留下了深刻的历史烙印。这段历史不仅为该地区注入了坚定的革命信仰力量，也成为当地人民珍贵的精神财富，激励着他们向前迈进。长征国家文化公园和红色旅游的兴起，进一步推动了当地革命精神的传承和旅游产业的发展。

（二）纺织服装产业的兴起

纺织服装产业在于都县具有悠久的历史，其兴起和发展主要体现在以下三个方面。

1. 传统手工艺的起源

纺织服装业最初的起源可以追溯到人类社会的早期历史。在古代，人们为了适应环境并满足生存需求，开始利用动植物的皮毛、树叶、树皮等自然材料进行原始的纺织和制衣。随着社会的发展和人类文明的进步，纺织技术得到了不断的改进和发展，逐渐形成了丰富多样的纺织工艺和服饰文化。

传统手工艺在纺织服装产业的起源和发展中扮演着至关重要的角色。于都县作为中国传统手工艺的发源地之一，其纺织服装产业的发展深受传统手工艺的影响和传承。传统手工艺的起源可以追溯到古代，当时人们利用简单的工具和技术，进行手工编织、染色、缝制等，制作出适应生活需求的衣物和装饰品。这些手工艺在民间代代相传，不断积累和发展，逐渐形成了独具特色的纺织服装工艺。

在于都县，传统手工艺在纺织服装产业中扮演着重要的角色。当地的手艺人以其精湛的技艺和细致的工艺赢得了"三锤三匠"的美誉，成为当地纺织服装产业的骄傲和象征。这些手艺人通过长期的学习和实践，掌握了纺织、编织、染色、绣花等各种技艺，将传统手工艺发扬光大。他们不仅精通布料的选材和加工，还擅长设计和制作各种风格的服装与饰品，为于都县的纺织服装产业注入了源源不断的创造力和活力。

传统手工艺的起源和发展，为于都县的纺织服装产业奠定了坚实的基础。它不仅是一种技术，更是文化传承和民族精神的体现。随着时代的变迁和科技的进步，传统手工艺虽然逐渐被机械化和工业化所取代，但其独特的魅力和价值依然被人们所重视和珍爱。因此，在现代纺织服装产业的发展中，传统手工艺仍然占据着重要地位，为产业的创新和发展提供了宝贵的历史和文化资源。

2. 技术更新和管理创新

随着时代的发展和科技的进步，纺织服装产业正经历着深刻的变革和转型。技术更新和管理创新成为推动产业发展的重要动力，对提升生产效率、提高产品质量、降低成本具有重要意义。

技术更新在纺织服装产业中发挥着关键作用。随着科学技术的进步，新型的生产技术和设备不断涌现，为企业提供了更加高效、精准、灵活的生产手段。例如，先进的纺织机械设备能实现自动化生产，提高了生产效率和产品质量；数字化设计和生产技术使服装设计和定制更加个性化和精准；智能化的生产管理系统和物流系统实现了生产过程的数字化监控和智能化管理，提高了企业的运营效率和管理水平。这些技术更新不仅提升了企业的竞争力，也为产业的升级和转型注入了新的活力和动力。

管理创新也是纺织服装产业发展的重要方向。传统的生产管理模式已经无法适应当今激烈的市场竞争和复杂多变的经济环境，因此，企业需要不断探索和实践新的管理理念和方法。管理创新涵盖了生产、营销、供应链、人力资源等多个方面，旨在提高企业的管理效率、降低成本、优化资源配置、提升企业的整体竞争力。例如，采用先进的生产管理软件和信息化系统，能够实现生产过程的实时监控和数据分析，有助于及时发现和解决生产中的问题，提高了生产效率和产品质量；实施精益生产和管理等方法，能够优化生产流程和降低生产成本；推行全员参与的员工激励机制和团队协作模式，能够激发员工的创造力和工作热情，提高企业的凝聚力和执行力。这些管理创新不仅有助于企业实现长期可持续发展，也为整个产业的转型和升级提供了有力支撑。

3. 规模化生产的实现

20世纪80年代以前，于都县的纺织服装产业呈现出以小作坊形式为主的特点，生产规模较小，生产技术相对落后。这种小作坊的生产模式通常由少数人或家庭经营，生产设备简单，生产效率低下，产品质量也难以保证。在这样的生产环境下，纺织服装产业的发展受到了一定的限制，无法满足市场需求，也难以实现规模化生产。

随着改革开放的深入和经济的发展，于都县的纺织服装产业开始迎来转型升级的机遇。一方面，政府出台了一系列扶持政策，鼓励企业进行技术改造和设备更新，提高了生产效率和产品质量。另一方面，企业引进了先进的生产技术和管理经验，推动了纺织服装产业的现代化进程。这些举措为企业实现规模化生产提供了有力支撑和保障。

在政策和市场的推动下，于都县的纺织服装企业逐渐实现了从小作坊到规模化工业生产的转变。首先，企业加大了对生产设备的投入和更新，引进了先进的纺织机械设备和自动化生产线，提高了生产效率和产品质量。这些先进设备的运用，使原本依赖手工操作的生产过程得以机械化和自动化，大大提高了生产效率，降低了生产成本，从而为规模化生产奠定了坚实的基础。

其次，企业加强了生产组织和管理，建立了科学的生产计划和管理制度，优化了生产流程和工艺，提高了资源利用效率。通过精细化管理和流程优化，企业能更好地调配生产要素，合理安排生产任务，提高了生产效率和产品质量。同时，企业还加强了对员工的培训和管理，提高了员工的技术水平和工作积极性，进一步推动了生产效率的提升和规模化生产的实现。

最后，市场需求的不断扩大也为企业实现规模化生产提供了重要支撑。随着经济的发展和人民生活水平的提高，人们对服装品质和品种的需求不断增加，市场需求量也在不断提高。企业通过不断提高生产能力和产品质量，满足了不断增长的市场需求，促进了规模化生产的实现。

（三）产业转型升级

于都县的纺织服装产业经历了从传统到现代、从小作坊到规模化的转变，主要表现在以下两个方面。

1. 技术与管理的升级

随着改革开放的不断深化，于都县的纺织服装产业在技术与管理方面经历了一系列的升级和变革。这种升级换代的过程不仅在技术水平上取得了显著提升，同时也在管理效率和市场竞争力方面取得了重要成就。

第一，企业加大了对技术创新的投入。随着科技的不断发展，纺织服装产业面临着日益激烈的市场竞争和消费者需求的不断变化，为了适应市场的需求和提升产品竞争力，企业积极引进和应用新技术，不断进行技术改造和升级。例如，企业引进了先进的生产设备和自动化生产线，采用了数字化设计和智能制造技术，提高了生产效率和产品质量。同时，企业注重技术创新和研发投入，不断推出具有自主知识产权的新产品和新工艺，拓展了产品品种和市场空间。

第二，企业加强了管理创新。在技术更新的基础上，企业注重提升管理水平和运营效率，实现了生产过程的精细化和规范化管理。通过建立科学的生产计划和管理制度，优化生产流程和工艺，提高了资源利用效率和生产效率。同时，企业加强了对人力资源的培训和管理，激发了员工的工作积极性和创造力，提高了企业的竞争力和市场影响力。此外，借助信息化技术的应用，企业实现了生产过程的数字化管理和智能化控制，提高了生产管理的科学化和精准化水平。

第三，技术与管理的升级不仅提升了企业的竞争力和市场地位，也为产业的可持续发展和创新发展奠定了坚实基础。通过不断创新和变革，企业能够更好地适应市场的需求和变化，实现了从传统生产模式向现代化、智能化生产模式的转变，为纺织服装产业的发展注入了新的活力和动力。同时，技术与管理的升级还为企业提供了更广阔的发展空间和市场机遇，促进了产业结构的优化和升级，推动了区域经济的快速发展和持续增长。

2. 产业结构的调整

随着改革开放的推进，于都县的纺织服装产业结构经历了显著的调整和优化，从单一的弹棉花和缝纫为主逐渐向多元化、专业化方向发展。这种产业结构的调整不仅丰富了产品种类并提高了产品品质，也提升了企业的竞争力和市场影响力。

第一，产业结构的调整带来了产品种类的丰富。在过去，由于产业结构单一，纺织服装产品主要以简单的棉布、面料和成衣为主，缺乏多样性和个性化。然而，随着改革开放政策的深入推进，企业开始注重产品创新和多样化生产，不断推出新款式、新设计的纺织服装产品，满足了不同消费群体的需求，丰富了市场供给，提升了企业的竞争力。

第二，产业结构的调整促进了产品品质的提升。过去，由于生产规模较小、技术水平有限，纺织服装产品的质量无法得到有效保障，存在着质量参差不齐的问题。然而，随着产业结构的调整和技术的进步，企业不断引进先进的生产设备和工艺，加强了对产品质量的管理和控制，提高了产品的质量和标准化水平。企业还通过严格的质量控制和检验，确保了产品质量的稳定和可靠性，赢得了消费者的信赖和好评。

第三，产业结构的调整推动了企业的转型升级和品牌建设。过去，由于产业结构单一，企业面临着市场竞争压力较大、品牌知名度不高等问题。然而，随着产业结构的调整和产品质量的提升，企业开始注重品牌建设和市场营销，不断加大对品牌形象的打造和推广力度，提升了企业的知名度和美誉度。另外，通过积极参与国内外展会、加强线上线下渠道建设等方式，拓展和增加了销售渠道和市场份额，实现了产业的转型升级和可持续发展。

二、区域性纺织服装产业的发展现状

（一）产业规模和产值增长

1. 产业规模的扩大

于都县的纺织服装产业规模持续扩大，呈现出蓬勃的发展态势。目前，已有超过3000家企业参与其中，形成了一个庞大而完整的产业生态系统。这些企业的存在不仅丰富了当地的产业结构，也为当地经济的发展注入了强大的动力。这些企业数量之多反映了纺织服装产业在于都县的重要地位和巨大潜力，同时为当地提供了大量的就业机会，促进了居民收入的增加和社会稳定。此外，纺织服装产业的多元化和专业化发展趋势明显，除了传统的纺织、服装制造业外，还涌现出了纺织科技、设计研发、品牌运营等领域的多个企业。这种多元化的产业布局不仅丰富了产业链条，也提高了产业的整体竞争力和抗风险能力。特别是121家规模较大的企业，拥有较强的资金实力、技术实力和市场影响力，成为产业的主要支柱，推动了技术升级和市场拓展，带动了中小型企业的发展。

2. 产值的持续增长

纺织服装产业的蓬勃发展不仅体现在企业数量和规模上，更显著的是其带来的产值的持续增长，成为于都县经济的重要组成部分。据统计数据，于都县纺织服装产业的总产值已经达到了800.11亿元，这一数字凸显了该产业在当地经济中的重要地位和影响力。

纺织服装产业的产值增长直接反映了企业数量和规模的增加，也与技术水平和产品质量的提升密不可分。随着科技的进步和技术的应用，企业不断提升生产效率和产品品质，从而实现了产值的持续增长。此外，纺织服装产业的发展直接带动了相关产业链的发展，从纺织原料采购到成衣制造，再到销售和物流等环节，为地方经济的发展作出了积极的贡献。

3. 产业对当地经济的贡献

纺织服装产业的发展不仅为于都县提供了大量的就业机会，还促进了经济结构的优化和产业升级。随着企业数量和规模的不断扩大，纺织服装产业成为当地就业的重要渠道，从生产、销售到管理等各个环节，为当地居民提供了丰富多样的就业岗位，提高了居民的生活水平。此外，纺织服装产业的发展促进了当地经济的结构优化和产业升级。通过技术创新和管理升级，企业不断提高生产效率和产品质量，拓展市场份额，提升了产业的整体竞争力。同时，纺织服装产业的发展也带动了相关产业的繁荣，从纺织原材料的供应、物流运输、销售渠道等各个环节，形成了一个完整的产业链条，相互促进、共同发展，进一步促进了当地经济的健康发展。

（二）产业发展模式和技术水平提升

1. 产业发展模式的升级

于都县纺织服装产业的发展模式经历了一次重大升级，从传统的生产模式向更加灵活高效的"中心工厂＋卫星工厂"模式转变。通过建设中心工厂，带动周边的卫星工厂发展，实现生产要素的优化配置和产业链的整合发展。中心工厂作为产业的核心，承担了多项重要任务，包括技术创新、产品研发和市场拓展等，而卫星工厂则充分发挥地区资源和劳动力优势，专注于生产加工和供应链管理。这种分工合作的模式扩大和提高了产业的整体生产规模和效益水平，促进了区域产业的集聚和优化升级，吸引了更多的外部投资和资源，进一步促进了区域产业的发展和壮大。

2. 技术水平的提升

于都县的纺织服装产业在适应市场需求和提高竞争力的过程中，不断加大对技术创新和装备升级的投入，致力于提升技术水平和产品质量。企业积极引进先进的生产技术和设备，实现了生产过程的自动化和智能化。通过引入先进的生产线设备和自动化生产系统，企业能有效提高生产效率、降低生产成本，并且保证产品的一致性和稳定性。此外，企业采用数字化设计和智能制造技术，加快了产品开发和生产周期，提升了企业的市场反应速度和竞争力。通过数字化设计软件和智能制造设备，企业可以更加快速地完成产品设计、样品制作和生产加工，减少了生产周期和成本，提高了产品的适应性和灵活性。

3. 产业发展的新动能

于都县纺织服装产业在新模式的实施和技术水平的提升下，注入了新的发展动能，推动了产业的持续健康发展。采取"中心工厂+卫星工厂"模式，实现了产业链的优化升级和资源的集聚利用。中心工厂作为产业的核心，带动了周边卫星工厂的发展，形成了良性循环和协同发展的局面。此外，技术水平的提升为纺织服装产业带来了更广阔的发展空间和更强大的创新动力。企业通过不断引进先进的生产技术和设备，实现了生产过程的自动化和智能化，提高了生产效率和产品质量，采用数字化设计和智能制造技术，加快了产品开发和生产周期，提升了市场反应速度和竞争力。

（三）绿色循环发展和生态环保

1. 绿色循环发展的推进

于都县在纺织服装产业的发展中，积极倡导和推进绿色循环发展，将可持续发展理念贯穿于产业发展的全过程。绿色循环发展强调资源的高效利用和可再生，致力于减少环境污染和资源浪费，提升产业的可持续性。首先，通过建设绿色工厂，于都县纺织服装企业采用节能环保的生产工艺和设备，减少了资源消耗和环境污染。例如，一些企业通过引进先进的节能设备和技术，如高效节能锅炉、低能耗纺织设备等，显著降低了能源消耗和碳排放。其次，推动绿色制造技术的应用是绿色循环发展的重要举措。例如，利用清洁能源替代传统能源，采用环保材料和工艺，实现了生产过程的低碳、环保、高效。企业通过使用太阳能、风能等可再生能源，减少了对化石能源的依赖，降低了生产过程中的碳排放。最后，环保材料和工艺的采用，如有机棉、再生纤维等，不仅降低了对环境的负面影响，还提高了产品的环保性能，满足了消费者对绿色产品的需求。

于都县还注重提高废弃物的再利用率和资源综合利用效率，通过建设废弃物处理设施和循环利用体系，实现废物减量化、资源化利用。例如，一些企业通过建设废水处理系统，将生产过程中产生的废水经过处理后循环使用，减少了水资源的浪费和环境污染。固体废弃物如纺织边角料、废旧衣物等，通过再生利用技术，制成新的纺织品或其他工业用品，形成了资源循环利用的闭环系统。这些举措不仅减少了环境污染和资源浪费，还为企业节约了生产成本，提高了经济效益，促进了纺织服装产业的可持续发展。

2. 生态环保的实践

在生态环保方面，于都县采取了一系列措施，着力改善生态环境和保护生态资源。首先，重点加强了污水处理工作。纺织服装产业作为用水大户，生产过程中产生的废水含有大量的化学污染物，如染料、助剂等，处理不当会对水环境造成严重污染。于都县通过建设现代化的污水处理设施和实施严格的污水排放标准，有效控制了工业生产过程中的污染物排放，保护了周边水域和土壤的清洁、健康。这些污水处理设施不仅能高效地净化废水，还能够将处理后的清洁水资源合理利用，减少对环境的负面影响，提升了生态环境的整体质量。

其次，加强了对大气污染的治理和管理。纺织服装产业在生产过程中会产生大量的废气，如二氧化硫、氮氧化物等，对空气质量造成影响。于都县通过实施严格的环保监测和管控措施，减少了工业生产对空气质量的影响，保障了周边环境的空气清新和生态平衡。例如，企业通过安装高效的废气处理设备，如脱硫塔、除尘器等，减少了有害气体的排放，提高了空气质量，提升了居民的生活环境质量。

最后，推进生态修复工程和绿化建设，通过种植树木、草坪和花草，增加了生态景观和植被覆盖，提升了区域生态环境的整体质量和稳定性。这些生态修复工程包括湿地保护、退耕还林、水土保持等，通过改善土壤质量、增加生物多样性等方式，有效促进了生态系统的稳定和健康发展，为生态环境的持续改善和可持续发展奠定了坚实基础。例如，纺织服装企业在厂区内外积极开展绿化建设，种植各种绿色植物，营造绿色的厂区环境，不仅美化了环境，还增加了生态效益，提升了企业的社会形象和环保意识。

3. 双赢的效益

通过积极响应国家的环保政策和要求，于都县的纺织服装企业不断提升生产工艺和技术水平，实现了经济效益和环境效益的双赢。一方面，企业通过绿色循环发展模式的推进，有效地提高了生产效率和市场竞争力，增强了企业的盈利能力和持续发展能力。绿色循环发展模式的推广，使企业在资源利用和能源消耗方面更加高效，同时减少了对环境的负面影响，进一步降低了生产成本。例如，采用先进的节能设备和环保技术，企业能显著降低能耗和污染物排放，提高生产效益和产品竞争力。这种模式不仅能提升企业的经济效益，还能提高品牌形象，获得消费者和社会的认可，形成良好的发展氛围。

另一方面，企业通过生态环保工作的实践，减少了生产过程中的环境污染和生态破坏，保护了当地的生态环境和资源。通过加强污水处理、大气污染治理、生态系统保护等措施，企业有效地减少了废水、废气的排放，降低了对空气、水质和土壤的污染程度，为生态环境的保护和改善作出了积极贡献。例如，通过建设现代化的污水处理设施和安装高效的废气处理设备，企业能够有效净化废水和废气，减少环境污染，保护生态环境。这种生态环保工作不仅有助于维护当地的生态平衡和生态系统的健康发展，还能够为企业赢得政府和社会的支持与信任，提升企业的社会责任感和可持续发展意识。

这些双赢的效益不仅推动了于都县纺织服装产业的持续健康发展，也为地方经济的高质量发展提供了有力支撑。通过绿色循环发展和生态环保工作的推进，企业在提高经济效益的同时，也实现了环境效益的最大化，促进了经济与环境的协调发展。这些努力为于都县纺织服装产业的可持续发展奠定了坚实基础，也为其他地区的产业发展提供了宝贵经验和借鉴，还为实现绿色发展和生态文明建设目标贡献了力量。

第二节 ｜ 区域性纺织服装产业的特点与优势

一、区域性纺织服装产业的特点与优势的分析

于都县纺织服装产业具有多重特点和优势，这些特点和优势使该地区成为纺织服装产业的重要聚集地和引领者。

（一）产业升级和转型的动力

于都县的纺织服装产业在推动产业升级和转型方面展现出了强大的动力和决心。首先，该地区注重引进先进的制造装备，并积极推动数字化、智能化工厂建设，从而形成了自动化、智能化集成管理体系。这种技术升级和装备更新的举措不仅提高了生产效率，还显著提升了产品质量和技术含量，推动了纺织服装产业的高质量发展。例如，通过引进高效节能的纺织设备和智能化生产线，企业能实现自动化生产，减少人为错误，提高生产效率和产品一致性。

其次，于都县加强了技术创新和人才培养，注重提升企业的科研开发能力和员工的技术水平，为产业升级提供了坚实支撑。通过持续不断地推进产业技术创新，纺织服装企业得以不断地提升自身竞争力，更好地适应市场的变化和需求，实现了产业的持续发展。例如，企业通过建立研发中心，与江西服装学院等高校和科研机构合作，开展技术攻关和产品研发，提升了创新能力和市场竞争力。同时，通过培训和引进高素质人才，

企业不断提升员工的技能水平和管理水平，增强了技术创新和生产管理能力。

（二）产业平台链条的完善

于都县致力于完善纺织服装产业的平台链条，积极营造良好的发展环境和产业生态，为企业提供更广阔的发展空间和合作机会。首先，通过建设中纺标检测中心、红星面辅料商城、服装订单中心等平台，于都县为企业提供了便利的生产和交易环境。而这些平台不仅为企业提供了高效的服务和便利的资源获取渠道，还为产业链上下游的合作与交流搭建了桥梁。例如，中纺标检测中心提供纺织品质量检测和认证服务，红星面辅料商城为企业提供丰富的原材料选择，服装订单中心则集中展示和发布订单信息，促进交易和合作。

其次，于都县积极引导企业加强合作与交流，形成了产业生态的良性循环。通过平台化的发展模式，企业能够共享资源、共同发展，从而实现产业链的完善和优化。企业之间可以在平台上进行合作，共同开发新产品、开拓新市场，加强技术交流和经验分享，提高了整个产业链的竞争力和创新能力。例如，企业通过联合开发和共同投标，扩大了市场覆盖面和竞争优势。同时，平台还为企业提供了政策咨询、市场信息、员工培训等服务，为企业的健康发展提供了全方位的支持和保障。

（三）开放合作和国际化发展

于都县通过高效开展活动并推动开放合作，加速了纺织服装产业的国际化发展。首先，该地区举办了一系列大型活动，如高端品牌服装定制品鉴会、中国服装论坛、江西纺织服装周暨中国（赣州）纺织服装产业博览会等。这些活动为产业内外的交流与合作提供了重要平台，吸引了大量国内外投资者和资源。企业通过参与这些活动，不仅可以展示自身的产品和品牌，还能开拓国内外市场，寻找合作伙伴，拓展产业发展渠道。例如，企业在展会上展示最新的服装设计和纺织品技术，吸引了众多国际买家的关注和合作意向，提升了品牌知名度和市场影响力。

其次，于都县通过参与国际展会和发展跨境电商，进一步开拓了纺织服装产业的国际市场。参与国际展会不仅让于都县的纺织服装产品走出国门，还让国际市场更多地了解于都县的产业实力和产品优势。例如，企业通过参加国际纺织展、服装展等大型展会，直接与国际买家对接，开拓了海外市场。同时，发展跨境电商也为纺织服装企业提供了一个便捷的销售渠道，使其可以直接面向国际市场销售产品。例如，企业通过跨境电商平台，将产品销往全球各地，实现了"买全球、卖全球"的目标，提升了产业的国际竞争力，加速了产业的国际化进程。

这些区域性特点和优势不仅推动了于都县纺织服装产业的快速发展，也为其他地区的产业发展提供了宝贵经验和借鉴。通过产业升级和转型、完善的平台链条建设以及积极的开放合作，于都县纺织服装产业在国内外市场上取得了显著成就，成为纺织服装产业的重要聚集地和引领者。

二、人才培养与产业发展

（一）人才吸引与政策支持

1. 引进政策措施

于都县在吸引人才方面制定了一系列具有区域特色的政策措施，积极创造优越的人才发展环境。首先，县政府设立了人才公寓，为外来人才提供住房保障。这些人才公寓不仅设施齐全、环境优美，还配备了生活服务设施，为外来人才解决了住宿问题，使他们能够安心工作。其次，实行个税返还政策，吸引高层次人才到该地区就业。个税返还政策通过减免个人所得税，为高层次人才提供了实实在在的经济优惠，增加了他们的收入，从而提高了他们的生活质量和工作积极性。最后，提供购房补贴等优惠政策，为人才提供更好的生活条件。购房补贴政策通过财政补贴，帮助人才实现安居乐业的愿望，增强了他们对地区的归属感和认同感。这些政策的实施不仅有效地增加和提升了该地区的人才引进数量和质量，为纺织服装产业的发展提供了强有力的支撑，还鼓励本地人才留在家乡发展，进一步增强了地区的人才竞争力和产业活力。

2. 与高校合作

于都县积极与高校合作，建立多层次、多渠道的人才培养机制，充分利用区域资源和优势。首先，与武汉纺织大学、江西服装学院等院校开展合作，实施院校定向培养计划和企业自主培训项目，培养了大量的技术人才和管理人才。通过校企合作，将教育资源与产业需求有机结合，为区域纺织服装产业提供了源源不断的人才支持。例如，通过与高校合作开设定制课程和实训基地，学生在校期间就能获得实战经验，为企业输送了大批具备实际操作能力的专业人才。这种定向培养模式不仅提升了学生的就业能力，也满足了企业的用人需求。此外，企业自主培训项目通过企业内部的培训计划和员工继续教育，进一步提升了现有员工的技能和知识水平，促进了企业内部的人才梯队建设。校企合作不仅为企业输送了新鲜血液，还推动了区域内教育与产业的深度融合，实现了人才培养与产业发展的双赢。

3. 解决实际困难

于都县注重解决企业发展中遇到的实际困难和问题，为企业提供精准帮扶和支持，确保产业稳步发展。首先，通过挂牌服务和干部挂职制度，政府为企业提供管理和技术指导。地方政府派出专门的干部到企业挂职，深入了解企业的具体需求和困难，提供切实可行的解决方案。这种制度不仅密切了政府与企业的联系，提高了政府服务企业的效率和效果，还增强了企业的信心和发展动力。其次，依托金融扶持政策，为企业提供财务支持，解决了企业资金困难，为产业的技术改造和升级提供了有力保障。比如，针对中小企业融资难的问题，于都县与当地银行和金融机构合作，推出了专门的贷款产品和融资方案，缓解了企业的资金压力，推动了企业的技术创新和生产升级。金融扶持政策不仅为企业提供了充足的资金支持，还增强了企业的风险抵御能力，为企业的长期发展奠定了坚实基础。通过这些精准的帮扶和支持措施，企业能更加专注于生产和创新，从而实现稳步发展，推动区域纺织服装产业的整体提升和进步。

（二）人才培养与创新发展

1. 人才培养机制

于都县建立了完善的人才培养机制，注重培养适应产业发展需求的各类人才。首先，县政府和企业共同建立了企业导师制度，通过资深员工和技术专家担任导师，对新员工进行一对一指导和培训。这种导师制不仅帮助新员工快速适应工作环境和岗位要求，还促进了技术经验的传承和创新能力的培养。此外，县内企业定期举办各种技术培训班，邀请业内专家和高校教授授课，提升员工的专业技术水平和工作能力。这些培训班涵盖了纺织服装生产的各个环节，从纺织技术、染整工艺到服装设计、生产管理，全面提升了员工的综合素质和操作技能。

其次，县政府还鼓励员工参与学历教育和职业培训，不断提升自身素质，以适应产业发展的需要。例如，通过与当地高校和职业技术学院合作，开设夜校和周末班，帮助员工在职进修，从而获得更高的学历和职业资格。这种学历教育和职业培训不仅增强了员工的专业知识和技术能力，还提高了他们的职业素养和创新意识，推动了全县纺织服装产业人才素质的整体提升。

2. 创新平台建设

于都县积极建设创新平台，为人才的创新活动提供支持和保障。首先，县政府与高校、科研院所合作，建立了产学研合作机制，促进了科研成果的转化和应用。例如，通过联合研发项目和技术攻关活动，推动高校和科研院所的最新科研成果在企业中的实际应用，提高了企业的技术水平和市场竞争力。其次，县内还建设了科技创新中心和技术服务平台，为企业和科研人员提供全面的技术支持和服务。这些创新载体不仅配备了先进的科研设备和实验设施，还集聚了大量的科技人才和创新资源，形成了良好的创新生态环境。

科技创新中心作为区域科技创新的重要平台，集科研、孵化、服务于一体，通过为企业提供研发场地、技术咨询、项目申报等全方位服务，激发了企业和科研人员的创新热情。同时，技术服务平台通过提供检测、认证、标准化服务，帮助企业提升产品质量和技术标准,增强市场竞争力。这些创新平台的建设不仅为人才的创新活动提供了良好的硬件和软件条件,还推动了全县纺织服装产业的技术进步和转型升级。

3. 人才激励机制

于都县建立了多元化的人才激励机制,激发人才的创新活力和创造力。首先,实行科学的人才评价制度,对人才的科研创新、技术攻关等方面的成绩进行全面评估,确保公平、公正、透明。其次,通过建立科学合理的人才评价指标体系,全面考核人才的工作业绩和创新成果,为人才的晋升和奖励提供依据。再次,县政府还制定了丰富的人才奖励政策,对在科研创新、技术攻关方面取得突出成绩的个人和团队给予表彰和奖励。例如,设立"创新贡献奖""技术突破奖"等专项奖项,对在产业发展中作出突出贡献的科技人才和管理人才进行奖励,极大地激发了人才的创新热情和工作积极性。此外,于都县还注重加强对优秀人才的培养和引进,提供更加优厚的薪酬和福利待遇,留住了一大批高素质人才。县政府通过实施高层次人才引进计划,积极引进国内外顶尖的科技人才和管理专家,为产业发展注入新鲜血液。最后,通过提高薪酬标准、提供住房补贴、设立专项科研经费等措施,改善了人才的生活和工作条件,增强了人才的归属感和稳定性。这些人才激励措施不仅吸引了大批优秀人才到于都县工作,也留住了本地培养的人才,为纺织服装产业的创新发展提供了强有力的人才支持和保障。

(三)人才流动与产业协同发展

1. 人才流动机制

于都县积极构建人才流动机制,促进了产业人才的交流与合作,为纺织服装产业注入了新的活力和动力。首先,县政府建立了多层次的人才交流平台和信息发布渠道,如人才招聘会、人才信息网等。这些平台不仅方便了本地企业与人才的对接,还促进了人才之间的交流与互动,形成了良好的人才流动环境。例如,通过定期举办纺织服装人才招聘会,吸引了大量的优秀人才前来应聘,为企业提供了丰富的人才资源。此外,人才信息网通过发布最新的人才需求和供给信息,帮助企业和人才实现精准匹配,提高了人力资源配置的效率。

其次,于都县还加强与其他地区的人才合作与交流,吸引外部人才进入本地产业。通过签订人才合作协议、组织人才交流活动等方式,积极引进外地高层次人才和技术专家,丰富了本地的人才结构。例如,县政府与周边省市的纺织服装产业聚集区建立了合作关系,定期组织企业和人才互访活动,促进了两地的人才交流和合作。这种跨区域的人才流动,不仅带来了先进的技术和管理经验,还促进了本地企业的技术创新和发展。通过这些举措,于都县有效地优化了人才资源配置,提升了区域纺织服装产业的整体竞争力。

2. 产业协同发展

于都县注重人才与产业的协同发展，实现了产业与人才的良性互动，推动区域纺织服装产业的持续繁荣和进步。首先，县政府通过建立产学研合作机制，加强产业与高校、科研机构的合作，推动了科技创新成果的转化和应用。例如，与武汉纺织大学、江西服装学院等院校合作，开展联合研发项目，共同攻克纺织服装领域的技术难题。这些合作不仅提高了企业的技术水平和创新能力，还促进了科研成果的产业化应用，增强了企业的市场竞争力。其次，于都县还积极推动纺织服装产业与其他产业的协同发展，实现了产业的互补优势和协同效应。例如，县政府鼓励纺织服装企业与电子商务、物流运输等相关产业加强合作，形成了覆盖生产、销售、物流等多个环节的完整产业链条。通过这种多产业的协同发展，企业能够更加高效地利用资源，提高生产效率和市场响应速度。例如，纺织服装企业与电商平台合作，通过线上销售渠道开拓市场，实现了销售额的大幅增长。同时，物流企业为纺织服装产品提供快捷高效的配送服务，提升了客户满意度和品牌影响力。

于都县还注重发挥红色文化区的区域特征，积极将红色文化融入纺织服装产业的发展中。例如，通过开展"红色文化主题服装设计大赛"，将革命历史元素融入服装设计中，既弘扬了红色文化，又提升了产品的文化附加值，受到了市场的认可。这种文化与产业的融合，不仅丰富了产品的内涵和特色，还增强了消费者的认同感和忠诚度，为企业赢得了更多的市场份额。

第三节 | 区域性纺织服装产业在绿色发展中的挑战与机遇

一、区域性纺织服装产业面临的绿色转型挑战

于都县作为一个历史文化悠久的红色文化区，纺织服装产业在过去几十年的发展中取得了显著成效。然而，随着全球环保意识的提升和可持续发展要求的不断增加，于都县的纺织服装产业在绿色转型过程中面临着一系列严峻的挑战。

（一）传统生产模式的挑战

传统的纺织服装生产模式主要依赖大量的资源消耗和化学物质的使用，导致了严重的环境污染问题。在传统的生产过程中，纺织企业通常会使用大量的水、能源和化学

品。例如，染色工艺中广泛使用的化学染料和助剂会产生大量含有有害物质的废水和废气。而这些污染物中常含有重金属和有机物质，直接排放到环境中会严重污染水体和大气，破坏生态系统，影响居民的健康。

废弃物处理问题也是传统生产模式面临的另一个重要挑战。在纺织服装生产过程中，会产生大量的固体废弃物、废水和废气。这些废弃物如果处理不当，会对环境造成二次污染。例如，未经处理的废水会渗透到土壤和地下水中，污染水资源；废气中的有害物质会进入大气，导致空气质量下降。而废弃物处理不仅需要投入大量的资金，还需要先进的处理技术和设施，许多企业在这方面的投入明显不足，导致环保问题更加严重。

（二）管理和监督体系的滞后

在纺织服装产业的绿色转型过程中，管理和监督体系的滞后是一项严峻的挑战。首先，企业内部环保意识和管理体系的薄弱是主要问题之一。由于长期以来传统生产模式的惯性影响，许多纺织服装企业在环保意识方面还没有达到足够的高度。为了追求短期经济利益，一些企业可能会忽视环境保护的要求，导致对环境的破坏和污染问题的发生。企业内部缺乏完善的环保管理制度和监督机制，使环保责任不明确，环保工作落实不到位。

其次，政府监管体系的滞后也对产业的绿色转型形成了障碍。在环保执法方面，监管部门可能存在监管漏洞和执法不到位的情况。一些企业可能会因为监管力度不够而违规排放污染物，且未能得到及时制止和处罚，导致环境污染问题的持续存在。这种情况不仅损害了环境，也影响了整个产业的形象和声誉。此外，企业在推进环保管理方面也面临技术和资金上的困难。环保设施和技术的投入需要大量的资金，而一些中小企业可能难以承担这些成本。同时，由于技术水平的限制，企业在废水处理、废气处理和固体废物处理等方面的能力也有限，导致环保目标难以实现。

（三）技术水平的相对落后

技术水平的相对落后是于都县纺织服装产业绿色转型面临的又一重要挑战。长期以来，许多纺织服装企业为了提高生产效率和降低成本，主要采用传统的生产工艺和设备，忽视了环保技术的研发和应用。与国际先进水平相比，于都县在节能减排、污水处理、废物利用等方面还存在较大的差距。例如，许多企业在生产过程中仍然使用高能耗、低效率的设备和工艺，导致能源浪费和环境污染问题严重。高效节能的生产设备和环保型染色工艺在企业中应用不足，限制了企业的环保水平和竞争力。同时，由于缺乏先进的废水处理系统和废物利用技术，企业难以达到国内外严格的环保标准，影响了产品的市场竞争力和企业的可持续发展。

技术水平的落后还制约了科研成果的转化和应用。虽然一些高校和科研机构在环保技术研发方面取得了较大成就，但由于企业在技术引进和应用方面的能力有限，许多先进的环保技术难以在企业中得到推广和应用。这不仅影响了企业的技术进步，也制约了产业的整体发展。

为了应对这些技术挑战，企业需要加大环保技术的研发投入，提高技术水平和创新能力；政府应加强对环保技术的支持，鼓励企业引进和应用先进的环保设备与工艺。同时，推动产学研合作，促进科研成果的产业化应用，提高企业的技术水平和市场竞争力。

二、区域性纺织服装产业绿色转型的发展机遇与潜力

（一）区域性纺织服装产业绿色转型的发展机遇

1. 纺织服装产业集群建设的机遇

纺织服装产业集群建设为绿色转型提供了广阔的机遇和发展空间。作为首位产业，纺织服装产业集群的形成和发展不仅可以加强企业之间的合作与交流，还能够实现资源共享和优势互补，从而推动绿色技术和管理经验的传播和应用。

第一，产业集群建设为企业提供了合作与交流的平台。在集群内部，企业之间可以通过共同的产业平台和协会组织展开合作与交流，共同解决环保技术和管理经验的问题。企业可以分享彼此的绿色技术和环保经验，共同探讨解决方案，从而推动整个产业向绿色转型迈进。

第二，产业集群可以实现资源共享和优势互补。在集群中，企业可以共享生产设备、技术人才、原材料等资源，降低生产成本，提高生产效率。同时，不同企业之间的专业化分工和协作也可以实现优势互补，使整个产业链更加完善和高效。

第三，产业集群还可以吸引更多的投资和人才引入。由于集群内企业规模庞大，具有较强的市场影响力和竞争力，因此更容易吸引国内外投资者和专业人才的关注、加入。这些投资和人才的引入不仅可以为企业提供更多的资金和技术支持，还可以促进技术创新和产业升级，推动整个产业向绿色可持续发展的方向迈进。

2. 政策扶持和平台建设的机遇

政府的政策扶持和各类平台建设为纺织服装产业的绿色转型提供了重要的机遇和支持。首先，政府通过出台相关政策，为企业提供了政策支持和激励措施，引导企业加大环保投入，推动绿色转型。这些政策包括财政补贴、税收优惠、节能减排奖励等，可以有效降低企业的环保成本，激发其转型的积极性。例如，政府可以对采用环保技术和设备的企业给予财政补贴或税收优惠，鼓励其积极推进绿色生产。

其次，政府可以通过建设各类平台，为企业提供技术支持和经验交流的场所。这些

平台包括绿色技术研发中心、环保培训基地、产业技术创新示范基地等，为企业提供了学习、交流和合作的机会。通过与政府部门、高校科研机构、行业协会等合作，企业可以获取最新的环保技术信息和管理经验，提高自身的技术水平和管理水平。另外，政府还可以通过组织专题研讨会、技术交流会、绿色产业展览会等活动，促进企业之间的合作与交流，共同推动绿色转型。

在政策扶持和平台建设的双重支持下，纺织服装产业可以更好地应对环境挑战，实现绿色转型。政府的政策支持为企业提供了强大的动力和保障，而各类平台的建设则为企业提供了技术支持和经验交流的场所，共同推动了产业向绿色、可持续发展的方向转型。因此，政策扶持和平台建设为纺织服装产业的绿色转型提供了重要的机遇和支持，促进了产业的可持续发展。

3. 市场对绿色产品的需求增加的机遇

随着全球环境问题日益凸显和消费者环保意识的不断增强，市场对绿色产品的需求呈现出持续增长的趋势。在这一趋势的推动下，纺织服装产业作为消费品行业的重要组成部分，也迎来了市场对绿色产品需求增加的机遇。

首先，消费者对环境友好和健康安全的关注度不断提高，使他们更加倾向于购买绿色、环保的产品。在购买服装时，越来越多的消费者开始关注产品的环保性能、生产工艺以及原材料来源等方面的信息，对环保标签和认证产生了更大的兴趣。他们希望通过选择绿色产品来减少对环境的负面影响，同时保障自身和家人的健康安全，这种消费行为逐渐成为一种时尚潮流和生活方式。

其次，政府在环保政策和法规方面的不断加强也促使了市场对绿色产品的需求增加。政府通过出台相关法律法规和环保政策，加大对环保产业的支持和扶持力度，鼓励企业开展绿色技术创新和生产，推动绿色产业发展。这些政策措施不仅提升了企业的环保意识，也为企业生产和销售绿色产品提供了更为有利的政策环境，从而刺激了市场对绿色产品的需求。

最后，媒体的广泛宣传和消费者教育也在一定程度上也推动了市场对绿色产品的需求增加。通过电视、网络、杂志等渠道，各种环保知识和绿色消费理念得到了广泛传播，引导消费者转变购物观念，更加注重产品的环保属性和社会责任。这种媒体宣传和消费者教育不仅提高了消费者对绿色产品的认知水平，也促使他们更加积极地选择和支持绿色产品，从而进一步推动了市场对绿色产品的需求增长。

4. 技术创新支持的机遇

技术创新是推动纺织服装产业绿色转型的关键因素。近年来，随着科技的迅猛发展，许多绿色环保技术在纺织服装产业得到了广泛应用。例如，高效节能的生产设备、低能耗的染整工艺、先进的废水处理技术等，都为纺织服装产业的绿色转型提供了有力的技术支撑。于都县可以通过引进和应用这些先进技术，提高生产效率，减少资源消耗和污染排放，推动产业绿色升级。

此外，红色文化区域的独特背景为技术创新提供了丰富的资源和支持。于都县可以通过与高校和科研机构合作，建立产学研联合创新平台，开展环保技术的研发和应用。例如，通过与武汉纺织大学、江西服装学院等院校合作，开发适用于纺织服装生产的环保技术和设备，提升产业的技术水平和竞争力。政府可以通过设立专项基金，支持企业进行技术改造和创新，促进环保技术的推广与应用。

（二）区域性纺织服装产业绿色转型的发展潜力

1. 技术改造和管理创新

于都县纺织服装产业的绿色转型离不开技术改造和管理创新。首先，企业需要加大对绿色生产技术的投入，引进先进的生产设备和工艺，提升生产效率和环保水平。例如，通过采用节能减排的生产设备、环保型染色工艺和高效废水处理系统，减少能源消耗和污染物排放，提高资源利用效率。企业还可以通过实施清洁生产技术和循环经济模式，实现资源的循环利用和废弃物的减量化，进一步降低生产过程中的环境影响。

其次，管理创新也是推动绿色转型的重要环节。企业需要建立健全的环保管理制度，完善内部环保管理体系和监督机制，确保环保责任落实到位。例如，通过建立环境管理体系，实施全过程的环境管理和控制，确保各个生产环节符合环保要求。企业还可以通过信息化管理手段，提高环保管理的精细化水平，实现环境信息的实时监控和数据分析，提升环保管理的效率和效果。

2. 政府政策和产业集群支持

政府在推动纺织服装产业绿色转型方面发挥着重要作用。于都县政府可以通过制定和实施一系列支持政策，为企业的绿色转型提供有力保障。例如，通过税收优惠、财政补贴、技术支持等措施，鼓励企业进行环保技术改造和创新，提高企业的环保意识和环保能力。政府还可以通过加强环保法规的执行和监督力度，确保企业遵守环保法律法规，杜绝环境违法行为，为产业绿色发展创造良好的政策环境。

此外，于都县纺织服装产业的集群化发展模式为绿色转型提供了广阔空间。产业集群的优势在于可以实现资源共享、信息互通和技术协同，从而提高整体竞争力和发展水平。于都县可以通过打造绿色产业园区，集聚一批绿色纺织服装企业，形成规模效应和协同效应。例如，通过建设高标准的绿色产业园区，提供完善的基础设施和配套服务，吸引环保技术领先的企业入驻，形成绿色产业集群。政府还可以通过加强企业间的合作与交流，推动绿色技术和管理经验的共享，促进整个产业链的绿色转型。

3. 市场发展空间

随着全球对环境保护和可持续发展的关注度不断提高,绿色纺织品的市场需求呈现出快速增长的趋势。于都县纺织服装产业可以借助这一趋势,通过绿色转型开拓更广阔的市场空间。首先,国内市场对绿色纺织品的需求日益增加,特别是中高端消费群体对环保产品的认可度和购买力不断提升。于都县可以通过提升产品质量和环保水平,满足国内市场对绿色纺织品的需求,扩大市场份额。

其次,国际市场对绿色纺织品的需求也在不断增长,特别是在欧美等发达国家,环保认证和可持续发展标识的产品更受其欢迎。于都县纺织服装产业可以通过获得国际环保认证,提升产品的国际竞争力,开拓国际市场。例如,通过获得 OEKO-TEX 标准、GOTS 认证等国际环保认证,确保产品符合国际环保标准,从而提升产品的市场认可度和品牌价值。此外,企业可以通过参加国际展会和开展跨境电商,扩大产品的国际销售渠道,实现"买全球、卖全球"的目标。

通过抓住市场需求增加、技术创新支持、政府政策和产业集群支持、市场发展空间等机遇和潜力,于都县纺织服装产业可以实现绿色转型和可持续发展。红色文化区域的独特背景为产业的绿色转型提供了丰富的资源和支持,使其在绿色转型的道路上具备独特的优势和竞争力。未来,于都县将继续加强政策支持、技术创新和市场开拓,推动纺织服装产业实现更高质量的绿色发展,为区域经济的可持续发展作出更大贡献。

第七章

区域性纺织服装产业的绿色发展策略

- • • 第一节
  区域性纺织服装产业的绿色发展需求

- • • 第二节
  区域性纺织服装产业绿色发展策略的制定与实施

第一节 | 区域性纺织服装产业的绿色发展需求

一、环境压力与资源约束

（一）环境污染问题

纺织服装产业长期以来一直是中国制造业的重要组成部分，但其传统生产模式却给环境带来了巨大的负面影响，特别是在环境污染方面存在着严重问题。这些问题主要表现在大量的废水、废气和废弃物排放上。首先，纺织服装生产过程中产生的废水含有大量染料、化学药剂和有机溶剂等有害物质，直接排放到河流和水体中，导致水质污染。这些有害物质不仅破坏了水生态系统，还影响了水资源的可持续利用，给周边环境和居民健康造成了威胁。其次，生产过程中释放的废气含有大量挥发性有机化合物（VOCs）和颗粒物，对大气环境造成污染，加剧了空气质量问题，影响了人们的生活质量和健康状况。此外，废弃物处理不当也是一个突出问题，大量的固体废弃物、废弃纺织品和副产品没有得到有效处理，直接填埋或焚烧，导致土壤污染和资源浪费。

这些环境污染问题的存在不仅影响了周边地区的生态环境，还损害了人们的健康和生活质量。特别是一些纺织服装产业集中的地区，环境污染已经成为当地经济社会可持续发展的重要障碍。因此，必须采取有效的措施来解决这些环境污染问题。这包括加强环境监管和治理，严格执行污染物排放标准，推动企业进行清洁生产，加大废水和废气处理力度，实施废弃物资源化利用等措施。同时，还需要加强对公众环境意识的培养，提升企业社会责任意识，共同推动纺织服装产业向绿色、可持续发展方向转型，实现经济增长与环境保护的良性循环。

（二）能源消耗和排放量增加

传统生产模式下，纺织服装产业消耗大量能源，同时排放大量温室气体和有害气体，给环境和气候带来了严重负面影响。首先，纺织服装生产过程中对能源的需求巨大。生产线、机械设备、照明等设备的运行需要大量的电力和燃料，尤其是在染色、烘干等环节，能源消耗更为明显。大规模的生产范围和高强度的生产节奏使能源消耗量不断攀升，加剧了能源供给压力。其次，纺织服装产业排放的温室气体和有害气体严重。主要的温室气体包括二氧化碳、甲烷和氧化亚氮等，这些气体的排放直接导致大气温室效应的加剧，加速了全球气候变化的进程，甚至会引发极端天气事件。同时，生产过程中还会释放出一些有害气体，如二氧化硫、氮氧化物和挥发性有机化合物等，会对大气和人体健康造成危害。这些排放物在大气中长时间滞留,造成雾霾和酸雨等环境问题,对生态系统和生物多样性产生了不利影响。

能源消耗和排放量增加的情况不仅加剧了能源紧缺和环境污染问题,也给人类社会带来了较大的负面影响。为了解决这一问题,需要采取一系列有效措施,包括推广清洁生产技术,提高能源利用效率,加强废气废水的治理和处理,实施节能减排政策,推动纺织服装产业向绿色低碳发展转型。同时,还需要加强国际合作,共同应对气候变化等全球环境问题,推动建设一个清洁、美丽的地球家园。

(三)资源约束

纺织服装产业作为一个典型的制造业类别,对原材料和能源的需求量巨大。然而,随着全球经济的持续增长和人口的不断增加,资源的有限性已成为产业发展的一大挑战。首先,纺织服装产业对棉花、化纤、染料、助剂等材料的需求量巨大。特别是棉花这样的天然纤维,在全球范围内的种植面积受到了限制,而其生长周期较长,供给不足势必会影响产业的正常生产。与此同时,合成纤维原料的生产也面临着能源消耗大、污染严重等问题,使资源的获取和利用更加困难。其次,能源是纺织服装产业不可或缺的重要资源之一。生产过程中所需的电力、燃料等能源资源大量消耗,而随着全球能源消耗量的不断增加和能源结构的不合理,能源供给不足已经成为制约产业发展的重要因素。此外,水资源也是纺织服装产业生产中必不可少的资源之一。大量的水资源用于原料的加工、染色、整理等环节,但随着水资源的日益紧缺和水污染问题的加剧,纺织服装产业的生产受到了严重限制。

二、可持续发展要求

(一)社会责任与企业形象

随着社会的进步和人们环保意识的提升,企业在市场上的形象和声誉日益受到重视。在这一背景下,实施绿色转型已经成为企业应尽的社会责任,同时也是提升企业形象和竞争力的重要途径。首先,绿色转型可以有效降低企业对环境的负面影响,减少对生态系统的破坏,提高企业在社会中的可持续发展能力。通过减少污染排放、节约能源、循环利用资源等举措,企业能够更好履行社会责任,树立起良好的企业公民形象,赢得社会各界的认可和尊重。其次,绿色转型也是企业提升竞争力的重要策略。随着消费者环保意识的不断增强,越来越多的消费者更愿意购买符合环保标准的产品,这为实施绿色转型提供了市场需求支撑。通过推动绿色产品开发、改善生产工艺、提升产品质量,企业不仅能满足市场需求,还能够获得竞争优势,实现可持续发展。此外,实施绿色转型也有助于提升企业的品牌价值和形象。作为社会责任的体现,绿色转型能增强企业在消费者心目中的形象,提升品牌的知名度和美誉度,进而吸引更多的消费者和投资者,推动企业的良性发展。

(二)法律法规的要求

国家和地方对环境保护的法律法规日益严格,对企业的环保要求也在不断提高。这些法律法规的出台旨在规范企业行为,保护生态环境,维护公共利益。首先,国家颁布了一系列环境保护法律法规,如《中华人民共和国环境保护法》《中华人民共和国大气污染防治法》《中华人民共和国水污染防治法》等,明确了企业应承担的环境责任和义务。这些法规规定了企业在生产经营过程中应遵循的环保标准和措施,要求企业采取有效措施防治污染,减少环境损害,保护生态环境。其次,地方政府也相继颁布了一系列环境保护地方性法规和政策文件,进一步加强了对企业环境保护的管理和监督。这些地方性法规根据地区实际情况,对环境保护的要求进行了细化和具体化,强化了对企业的监管力度。对企业而言,如果不能达到法律法规规定的环保标准,将面临严重的法律责任和经济处罚。法律法规规定了企业的环保义务和责任,一旦违反将会受到相应惩罚,包括罚款、停产整顿、责任人员处罚甚至企业关停等严厉措施。这些处罚不仅会给企业带来经济损失,还可能损害企业的声誉和形象,影响企业的长期发展。因此,企业必须严格遵守环境保护法律法规,加强环保管理,提升环境保护水平,以免受到法律的惩罚和损失。同时,积极响应国家和地方的环保政策,采取有效措施减少环境污染,促进绿色发展,是企业应尽的社会责任和发展方向。

(三)市场需求的变化

随着消费者环保意识的日益增强,市场对绿色产品的需求呈现出持续增长的趋势。消费者对产品的选择不再仅考虑价格和品质,还更加关注产品的环保性和可持续性。因此,企业如果不能适应市场这一变化,将会失去竞争优势,面临市场份额减少和利润下降的风险。首先,消费者的环保意识不断提升,他们越来越关注产品的环保性能和生产过程中对环境的影响。因此,绿色产品成为他们的首选。这种市场需求的变化促使企业必须加快绿色转型步伐,不断提升产品的环保性能,以满足消费者的需求。其次,随着社会发展,政府和社会组织对环保问题的关注度也在不断提高,对绿色产品的倡导和推广也更加强力。政府可能会通过加强环保法规的制定和执行,以及给予绿色企业税收优惠等政策支持,进一步推动市场对绿色产品的需求增长。最后,随着科技的进步,绿色技术和绿色产品的研发日益成熟,成本逐渐降低,使得绿色产品在市场上更具竞争力。因此,企业如果不能及时调整产品结构,转变生产方式,满足市场对绿色产品的需求,就可能被市场淘汰。

第二节 | 区域性纺织服装产业绿色发展策略的制定与实施

一、制定符合地区特色的绿色产业政策与规划

（一）科学规划绿色发展方向

1. 产业结构调整

为了实现产业绿色转型，应当逐步减少传统高污染、高能耗产业的比重，增加环保型、高附加值产业的比重。具体措施如下。

首先，实施产业优化升级战略。政府应出台相关政策，鼓励和引导企业进行产业升级，淘汰落后产能和高污染工艺，推动企业向清洁生产、绿色制造转型。例如，通过税收优惠和财政补贴，支持企业引进先进的环保设备和技术，提高生产过程的资源利用效率和环保水平。

其次，发展绿色环保产业。于都县可以重点发展绿色纺织、生态服装、环保材料等新兴产业，增加高附加值产品的产出。这些环保型产业不仅具有较高的经济效益，还能有效减少环境污染，促进产业结构的优化调整。

最后，促进产业集群化发展。通过建设绿色产业园区，集聚一批具有环保优势的企业，形成绿色产业集群，实现资源共享和协同发展。例如，建立专业的纺织环保技术中心，提供环保技术支持和服务，促进企业之间的合作与交流，提升整体产业的绿色发展水平。此外，当地政府还应加强对企业的环保监管和执法，确保企业遵守环保法规，杜绝违法排污行为，为产业绿色转型提供坚实的政策保障。

2. 技术创新

绿色发展离不开技术创新，制定绿色产业政策与规划需要重点关注技术创新的推动作用。首先，当地政府应大力支持企业加大对环保技术研发和应用的投入。通过设立专项科研基金、提供科研奖励等方式，鼓励企业与高校、科研院所合作，开展绿色技术的研发和应用。例如，支持企业研发高效节能的生产设备、环保型染色工艺和先进的废水处理系统，提升企业的技术水平和环保能力。

其次，建立健全技术创新体系。于都县可以建立纺织服装产业技术创新中心，集聚国内外优秀科研力量和创新资源，形成产学研联合创新平台。通过科技攻关和技术合作，推动绿色技术在纺织服装产业中的广泛应用。例如，开展智能制造技术的研究与应用，推动

企业实现生产自动化、智能化，提高生产效率和产品质量，减少能源消耗和环境污染。

最后，当地政府应加强对绿色技术的推广和应用，帮助企业实现技术转化和应用。例如，组织绿色技术展示会、技术交流会等活动，推广先进的环保技术和设备，提高企业对环保技术和设备的认知度和应用率。政府还可以通过制定绿色标准和认证体系，引导企业采用绿色生产技术和管理模式，提高产品环保性能和市场竞争力。例如，制定绿色纺织品标准，推动企业获得国际环保认证，提高产品的国际竞争力和市场认可度。

3. 资源利用

科学的资源利用规划是实现绿色可持续发展的重要保障。于都县应充分利用地区资源优势，制定科学的资源利用规划，推动资源高效利用和循环利用。例如，通过加强废弃物资源化利用，推动纺织废弃物再生利用产业链的建设，实现废物资源化、循环利用，促进产业绿色可持续发展。

首先，政府应制定废弃物资源化利用的政策和规划，鼓励企业进行废弃物资源化利用。例如，支持企业建设废弃物处理设施，开发废弃物再生利用技术，实现废水、废气、固体废物的资源化利用。例如，通过建设废水处理厂，将生产过程中产生的废水处理后再利用，减少水资源的浪费和环境污染。对于固体废弃物，可以通过回收和再利用，制成新的纺织品或其他工业产品，实现资源的循环利用。

其次，推动产业链的延伸和整合，形成完善的废弃物再生利用产业链。例如，通过引进和扶持废弃物再生利用企业，推动废弃物回收、处理和再利用一体化发展。政府可以通过政策扶持和技术支持，促进废弃物再生利用企业的发展，提高废弃物的资源利用率。例如，建立废弃物回收网络和处理中心，形成废弃物回收、处理、再利用的完整产业链，提高资源利用效率和经济效益。

最后，政府应加强对企业的资源利用管理和监督，确保资源利用的科学化和高效化。例如，通过制定资源利用标准和考核机制，推动企业提高资源利用效率并减少资源浪费。实施节能减排考核制度，对企业的资源利用效率和环保效果进行考核和奖励，激励企业积极进行资源利用和环保管理，提高资源利用效率和环保水平。

（二）建立激励机制

1. 税收优惠政策

为了鼓励企业主动实施绿色发展策略，制定和实施税收优惠政策是一项有效的激励措施。政府可以对符合环保标准的企业给予税收优惠，以减轻企业的财务负担，激励其加大在绿色技术和环保措施上的投入。具体来说，税收优惠政策可以包括减免环保设备购置税、研发费用加计扣除、绿色项目所得税减免等多种形式。例如，政府可以规定，对于购买和使用节能减排设备的企业，可以享受设备购置税的全额或部分免除。这不仅能降低当地企业在环保设备上的投资成本，还能鼓励更多企业主动更新和引进环保设备，提高生产过程中的能源利用效率和环境保护水平。此外，对从事绿色技术研发的企业，政府可以实行研发费用加计扣除政策，提高企业研发投入的积极性，促进环保技术的创新和进步。

对于那些在绿色项目上取得显著成效的企业，政府还可以提供绿色项目所得税减免政策。具体而言，对于在节能减排、污染治理等方面取得显著效果的企业，可以对其绿色项目所得部分进行税收减免，以鼓励更多企业积极参与绿色项目，推动整个行业的绿色转型。

2. 财政补贴支持

除了税收优惠政策，政府还可以通过财政补贴等方式，向实施绿色发展的企业提供直接的经济支持。财政补贴是激励企业进行绿色投资和技术改造的重要手段，能够显著降低企业在绿色转型过程中的经济压力，促进环保技术和措施的广泛应用。具体而言，当地政府可以设立专门的绿色发展基金，对采用清洁生产技术、推广节能减排项目的企业给予一定财政补贴。例如，对于引进和使用高效节能设备的企业，可以给予设备购置费用的一定比例的补贴，降低企业的投资成本，激励企业采用先进的节能技术。同时，对于在节能减排项目上取得显著成效的企业，政府可以给予专项财政奖励，以表彰和鼓励其在绿色发展方面的贡献。此外，政府还可以通过补贴的方式，支持企业进行环保设施的建设和改造。例如，对于建设污水处理厂、废气处理设备的企业，可以给予建设费用的一定比例的补贴，降低企业的建设成本，提高企业的环保设施水平。对于已经建设环保设施并取得良好效果的企业，政府还可以通过运行补贴的方式，支持其环保设施的持续运营，确保环保效果的长期稳定。

3. 创新激励措施

除了经济激励外，还可以建立创新激励措施，激发企业和个人在环保技术研发和应用方面的积极性和创造力。设立绿色技术创新奖励基金就是其中一项重要的激励措施，旨在奖励在环保技术研发和应用方面取得重大突破和成果的企业和个人。具体而言，政府可以设立专项绿色技术创新奖励基金，对在节能减排、污染治理、资源循环利用等方面取得显著技术成果的企业和个人进行奖励。例如，对于在环保技术研发上取得重大突破的科研团队，可以给予资金奖励和项目支持，帮助其进一步深化技术研究和成果转化。对于成功应用先进环保技术并取得良好经济效益和社会效益的企业，可以给予荣誉称号和资金奖励，以表彰其在绿色发展方面的突出贡献。此外，政府还可以通过创新激励措施，支持企业和个人参与环保技术的交流和合作。例如，组织绿色技术创新大赛、环保技术展览会等活动，搭建环保技术交流和展示的平台，促进技术创新和应用的推广。对于在这些活动中表现突出的企业和个人，可以给予荣誉称号和资金奖励，激励更多企业和个人参与环保技术创新和应用。

二、推动企业实施绿色生产与管理模式

（一）技术支持与培训

1. 资金支持

为了有效推动纺织服装产业绿色转型，政府可以通过设立专项资金，向企业提供资金支持，以促进绿色生产技术和设备的引进和应用。专项资金的设立不仅能够减轻企业在绿色转型过程中的经济压力，还能激励企业积极采用环保技术，提升生产效率和环境保护水平。

首先，专项资金可以用于企业购置环保型生产设备。环保设备如高效节能的纺织机械、低能耗的染整设备、先进的废水处理系统等，能够显著减少生产过程中的能源消耗和污染物排放。政府通过提供资金支持，帮助企业购买这些设备，不仅提高了生产过程的环保性，还降低了企业的生产成本。例如，企业可以通过引进高效节能的纺织机械，减少电力和水资源的消耗，从而实现节能降耗的目标。

其次，专项资金可以用于企业生产线的改造。传统的生产线通常存在能耗高、污染大的问题，通过专项资金支持，企业可以对现有生产线进行技术改造，引入先进的绿色生产工艺和技术。例如，企业可以利用专项资金对染整工艺进行改造，采用低污染、低能耗的染料和助剂，减少染整过程中的废水和废气排放。此外，企业还可以通过改造生产线，引入自动化和智能化生产技术，提高生产效率和产品质量，减少资源浪费和环境污染。

最后，专项资金还可以用于企业实施节能减排项目。节能减排项目包括能源管理、资源循环利用、废物处理等多方面内容。政府通过提供资金支持，帮助企业实施这些项目，提升其节能减排能力和环保水平。例如，企业可以通过专项资金支持，建设废水处理系统，实现废水的达标排放和循环利用；或者通过资金支持，开发和应用资源循环利用技术，将生产过程中产生的废弃物转化为可再利用的资源，减少废弃物的排放和资源的浪费。

2. 技术培训

技术培训不仅能够帮助企业员工全面了解绿色生产的重要性和实施方法，还能促进企业在实际生产过程中应用先进的绿色技术和管理模式，提高生产效率和环境保护水平。

第一，绿色生产技术培训的内容应涵盖绿色生产工艺、环境保护知识、废物处理方法等多个方面。培训课程可以邀请环保专家、技术顾问和行业资深人士授课，讲解绿色

生产的最新技术和应用实例。例如，培训课程可以介绍高效节能的纺织工艺、低污染的染整技术、先进的废水处理方法等，帮助企业员工掌握绿色生产的核心技术和操作方法。此外，培训课程还可以结合企业实际情况，提供针对性的技术指导和解决方案，帮助企业在实际生产过程中应用和推广绿色生产技术。

第二，绿色生产技术培训应注重提升企业员工的环保意识。通过系统的环保知识培训，增强员工的环保责任感和使命感，提高他们对环境保护的重视程度。例如，培训课程可以介绍环境保护的基本概念和重要性，讲解环境污染对生态环境和人体健康的危害，强调企业在环境保护方面的社会责任和义务。同时，通过实例分析和案例分享，展示环保先进企业的成功经验和做法，激励企业员工积极参与绿色生产和环保实践。

第三，绿色生产技术培训还应注重实操性和应用性。除了理论知识讲解，培训课程应设置实践操作环节，帮助企业员工将所学知识应用到实际工作。例如，培训课程可以安排现场参观和操作演示，让企业员工亲身体验绿色生产技术的实际应用和效果。此外，培训课程还可以通过模拟演练和项目实践，帮助企业员工掌握绿色生产技术的具体操作步骤和注意事项，提高其实际操作能力和解决问题的能力。

（二）建立绿色供应链体系

1. 供应商选择

为了构建绿色供应链体系，政府可以积极鼓励企业选择环保型供应商作为合作伙伴。这一策略不仅有助于提升整个供应链的环保水平，还能带动上下游企业共同迈向绿色发展之路。通过与环保型供应商合作，企业可以获取符合环保标准的原材料和生产配件，确保产品从源头上符合绿色要求。

第一，政府应制定和推广绿色供应链政策，明确环保型供应商的选择标准和评价体系。例如，可以根据环保认证、资源利用效率、废弃物处理能力等指标，对潜在供应商进行全面评估和筛选。企业在选择供应商时，应优先考虑那些已经通过环保认证、具备绿色生产能力的供应商。这不仅有助于确保供应链上的每个环节都符合环保标准，还能促进环保技术和管理经验在整个产业链中的传播和应用。

第二，政府可以设立绿色供应商奖励机制，对那些在环保方面表现突出的供应商进行表彰和奖励。例如，通过颁发"绿色供应商"称号、提供资金补助等方式，激励更多的供应商提升自身环保水平，加入绿色供应链体系。同时，企业也可以通过签订绿色采购协议，与供应商共同约定环保目标和措施，确保原材料和配件的生产过程符合环保要求。此外，政府和行业协会可以组织绿色供应链合作交流活动，搭建企业与环保型供应商之间的沟通平台。例如，举办绿色供应链论坛、环保技术展示会等活动，促进企业与供应商之间的经验交流和技术合作。这不仅能帮助企业发现更多的环保型供应商，还能推动环保技术和管理经验的共享，提升整个产业链的绿色发展水平。

2. 绿色供应链管理

建立绿色供应链管理体系是确保供应链各环节符合环保标准、实现绿色发展的重要举措。绿色供应链管理不仅包括对供应商的环保评估和监督，还包括建立全面的供应链信息平台，实现对供应链的实时监控和管理。

第一，企业应对供应商进行严格的环保评估和监督，确保其生产过程符合环保标准。例如，可以制定供应商环保评估标准，涵盖能源消耗、废物排放、资源利用效率等方面的指标，对供应商的环保表现进行全面评估。企业在与供应商签订合作协议时，可以将环保要求纳入合同条款，明确规定供应商必须遵守的环保标准和措施。同时，企业可以定期对供应商进行环保审计和监督检查，确保其实际生产过程符合合同规定的环保要求。例如，通过现场检查、抽样检测等方式，及时发现和纠正供应商在环保方面存在的问题，确保供应链的环保合规性。

第二，建立绿色供应链信息平台，实现对供应链的全面监控和管理。供应链信息平台可以集成各环节的环保数据和信息，实现对供应链的实时监控和管理。例如，通过建立环保数据采集系统，实时采集供应商的能源消耗、废物排放等环保数据，确保供应链的每个环节都符合环保标准。同时，信息平台可以实现数据的分析和预警功能，及时发现和预警供应链中的环保问题，帮助企业快速采取应对措施，防止环保问题的扩大和蔓延。

第三，供应链信息平台还可以促进供应链各环节的信息共享和协同管理。例如，通过建立供应链信息共享机制，企业和供应商可以共享环保数据和管理经验，共同提升供应链环保水平。同时，信息平台可以实现供应链各环节的协同管理，提高供应链的运作效率和响应速度。例如，通过实时监控和数据分析，企业可以快速调整供应链的生产计划和物流安排，减少资源浪费和环境影响。

（三）加强监督与评估

1. 环保监管力度

为了确保企业严格执行绿色生产要求，政府有关部门应加强对企业绿色生产与管理的监督力度，建立健全的监管体系和检查机制。这不仅有助于提高企业的环保意识和合规性，也能有效防范环境污染和资源浪费，推动整个产业的绿色转型。

第一，政府应制定和实施严格的环保法规和标准，为企业绿色生产提供明确的法律依据和操作指南。例如，针对纺织服装产业的特点，政府可以出台专门的环保标准，涵盖废水处理、废气排放、固体废物管理等各个方面，明确企业在环保方面的责任和义务。同时，政府应加大环保执法力度，确保环保法规和标准得到严格执行。例如，环保部门可以通过定期检查、不定期抽查、突击检查等多种方式，对企业的环保行为进行全面监管,及时发现和纠正企业在环保方面存在的问题。

第二,政府应建立健全的环保监管体系和检查机制,确保对企业环保行为的持续监督和管理。例如,可以建立环保监管网络,将环保部门、企业、社区和公众等各方力量结合起来,形成多层次、多渠道监管体系。环保部门可以通过设立环保举报热线、建立环保投诉平台等方式,广泛收集和处理公众对企业环保行为的投诉和举报,增强环保监管的覆盖面和及时性。同时,政府还应建立环保信用评价机制,对企业环保表现进行全面评价和公开。例如,可以根据企业环保记录、违法行为、整改情况等指标,对企业进行环保信用评分,并将评分结果纳入企业信用档案。对于环保表现良好的企业,可以给予奖励和优先支持;对于环保表现违法的企业,可以进行公开曝光和惩罚,提高企业的环保合规意识和社会责任感。

第三,政府可以借助现代信息技术,提高环保监管的智能化和精细化水平。例如,通过建立环保监控平台,利用物联网、云计算、大数据等技术手段,对企业的环保数据进行实时采集、分析和监控,及时发现和预警环保问题,提升环保监管的效率和效果。

2. 环保评估与认证

为了推动企业积极参与绿色生产,政府可以推动建立绿色生产认证体系,鼓励企业参与绿色认证评估。绿色生产认证不仅能提高企业的环保形象和市场竞争力,还能促进企业在环保方面的持续改进和创新,推动产业绿色转型和可持续发展。

第一,政府应制定绿色生产认证标准和评估指标,为企业提供明确的绿色认证指南。例如,可以根据不同产业的特点,制定涵盖能源消耗、资源利用、污染控制、废物管理等方面的绿色生产标准,明确企业在绿色生产方面需达到的具体要求和目标。同时,政府应建立专业的绿色认证机构,负责对企业进行绿色生产认证评估,确保认证过程的公正性和科学性。

第二,政府可以通过政策引导和资金支持,鼓励企业积极参与绿色生产认证评估。例如,对于通过绿色认证的企业,政府可以给予资金补贴、税收优惠等政策支持,降低企业在绿色生产方面的投入成本,提高企业参与绿色认证的积极性。政府还可以通过建立绿色认证奖励机制,对在绿色生产方面表现突出的企业进行表彰和奖励,提升企业的社会影响力和市场认可度。

第三,政府应加强对绿色认证企业的后续管理和监督,确保企业在获得认证后继续保持和提升绿色生产水平。例如,可以建立绿色认证企业的定期评估机制,对认证企业的环保行为进行持续跟踪和评估,确保企业严格执行绿色生产标准。对于后续未能保持绿色生产的企业,可以采取撤销认证资格、公开曝光等措施,确保绿色认证的权威性和公信力。

第四，政府可以通过宣传和教育，提升社会对绿色生产认证的认知和认可度。例如，通过媒体宣传、行业会议、公众活动等多种方式，广泛宣传绿色生产认证的重要性和优势，提高消费者对绿色认证产品的认可和信任。同时，可以组织企业代表、行业专家、环保人士等进行绿色生产经验交流和分享，促进绿色认证理念的传播和应用。

第八章

对未来研究的建议

- • • 第一节
  走中国纺织服装产业创新发展的道路

- • • 第二节
  创新优先、优化结构、绿色发展:迈向纺织服装强国之路

第一节 | 走中国纺织服装产业创新发展的道路

一、谋求获取天然纤维原料资源新途径

在当前全球纺织服装产业迅速发展的背景下，中国作为世界上最大的纺织品生产和消费国之一，面临着日益增长的天然纤维需求与有限的可耕地资源之间的矛盾。随着人口增长和经济发展，传统的天然纤维生产方式已难以满足市场需求，因此寻求其他可持续的原料来源途径显得尤为重要。然而，这种寻找新途径的过程必须在不影响粮食生产和人类生活的前提下进行，这就要充分考虑资源的合理利用和环境的保护。

中国的可耕地资源与庞大的人口数量相比相对较少，因此不能过度依赖于占用耕地来种植天然纤维原料。如果过多地将耕地用于纤维植物的种植，将会直接影响粮食的生产总量，进而影响人们的生活和国家的粮食安全。因此，必须寻求其他的天然纤维获取途径，以满足市场需求的同时保障粮食安全。

一个可行的途径是利用荒地资源进行天然纤维的种植。荒地指的是那些不适合粮食作物生长或长期处于闲置状态的土地，如荒山、荒坡、荒滩等。这类土地因其土壤质量较差、地形起伏较大或者地势较低而不适宜粮食作物的种植，但却可能适合某些天然纤维植物的生长。通过对荒地进行合理地开发利用，可以有效增加天然纤维的产量，同时也可以最大限度地保护耕地资源和生态环境。

在寻求新的天然纤维资源途径的过程中，还需要充分考虑环境保护和可持续发展的原则。采取科学合理的种植方式，避免过度开发和过度放牧，保护土地生态环境的同时实现纤维资源的可持续利用。同时，政府、企业和社会各界应加强合作，共同推动新型天然纤维资源的开发和利用，促进纺织产业向绿色、可持续发展的方向迈进。

二、开拓人造纤维生产的环保方式

在人造纤维生产中，不应依赖于使用木材等森林资源作为原料，而应着重开发利用废弃农作物作为替代资源。当前，纺织服装市场对人造纤维的需求逐渐增长，但是过度依赖森林资源可能导致生态环境的破坏。在我国，森林资源相对稀缺，若不加以重视和保护，过度砍伐树木将会带来严重的生态后果。

传统的人造纤维生产通常使用木材作为原料，这种做法不仅会加剧森林资源的消耗，还可能导致森林砍伐量的增加，进而影响生态平衡。因此，有必要寻找新的原料来源，尤其是废弃农作物资源的合理利用。废弃农作物是指那些无法继续使用或无法用于

食品加工的农作物残余部分，如稻草、玉米秸秆、棉花秸秆等。这些废弃物一般会被焚烧或者直接堆放，造成了资源浪费和环境污染。

利用废弃农作物作为人造纤维的原料，不仅可以减少对森林资源的依赖，还能有效减少农业废弃物对环境的影响。通过先进的生物技术和化学处理方法，将废弃农作物转化为人造纤维，不仅可以提高资源的利用效率，还能促进农业废弃物的循环利用。例如，近年来，许多研究机构和企业在探索利用稻草、玉米秸秆等农业废弃物制备纤维素纤维，这些纤维素纤维可以替代传统的木浆纤维，应用于纺织品的生产，具有良好的市场前景和环保效益。

同时，政府应加大对利用废弃农作物生产人造纤维的政策支持和资金投入，鼓励企业进行技术创新和产业化发展。例如，设立专项资金，支持废弃农作物纤维素纤维的研发和生产，推动企业与科研机构的合作，开展技术攻关和应用示范。此外，政府还可以通过税收优惠、财政补贴等政策措施，降低企业的生产成本，激励更多企业参与废弃农作物资源的开发和利用。

三、探索合成纤维原料来源的环保手段

在纺织服装产业中，利用废弃农作物作为合成纤维的原料是一种具有潜力的手段。这种做法不仅可以有效减少纺织服装制作成本，还能降低资源浪费，促进纺织产业向着更加环保和可持续的方向发展。

（一）利用可再生的无害生物资源作为合成纤维的原料具有显著的环保优势

与传统的合成纤维生产方式相比，利用废弃农作物可以大幅减少对化石燃料和矿产资源的依赖，从而降低对环境的污染和破坏。在传统合成纤维的生产过程中，通常需要大量石油等化石燃料作为原料，这不仅消耗了大量不可再生资源，还在生产过程中排放大量的二氧化碳和其他污染物，严重影响环境。相比之下，利用废弃的稻草、玉米秸秆等农作物残余进行合成纤维的生产，可以显著减少温室气体的排放，减少对土地和水资源的使用，从而降低合成纤维生产对环境的总体影响。

此外，废弃农作物的利用还能够促进农村经济发展，增加农民收入，实现资源的综合利用和循环利用。例如，通过政府和企业的合作，建立农作物废弃物回收网络和处理设施，帮助农民将废弃物变废为宝，提高农村经济的整体水平。这种模式不仅能提供新的经济来源，还能减少焚烧农作物废弃物带来的空气污染问题。例如，在中国广大农村地区，每年都有大量农作物秸秆被焚烧处理，这不仅浪费了宝贵的生物资源，还对空气质量造成严重影响。通过将这些废弃物资源化利用，转化为合成纤维的原料，可以实现环境效益和经济效益的双赢。

利用废弃农作物生产合成纤维，还能为企业带来显著的社会和环保效益，提升企业的社会责任形象和市场竞争力。随着消费者环保意识的不断提升，对绿色产品的需求日益增加，企业通过采用环保原料生产纺织品，可以提升产品的市场认可度和附加值，增强品牌形象和市场竞争力。例如，一些国际知名服装品牌已经开始在其产品中推广使用可再生材料，并取得良好的市场反响。这一趋势表明，环保和可持续发展的理念正在成为纺织服装产业的重要发展方向。

（二）采用可再生资源制作合成纤维可以降低纺织服装的生产成本

采用废弃农作物作为合成纤维的原料，不仅具有显著的环保优势，还能有效降低纺织服装的生产成本。相比于传统的合成纤维原料，如石油基材料，废弃农作物往往价格更为低廉，甚至免费。这就意味着，在原料成本方面可以获得显著的节约，进而降低纺织服装的生产成本，提高企业竞争力。

第一，通过与农业合作社和农民合作，建立稳定的废弃农作物原料供应链，确保原料的持续供应和成本的稳定控制。这种合作模式不仅能为企业提供充足的原料保障，还能帮助农民增加收入，实现多方共赢。例如，企业可以与当地农业合作社签订长期合作协议，定期回收农作物废弃物，保障原料供应的稳定性和成本的可控性。这不仅能减少企业在原料采购方面的成本，还能有效规避原料市场价格波动带来的风险。

第二，废弃农作物原料的价格优势能够显著降低纺织服装的生产成本，提高企业的市场竞争力。在传统的合成纤维生产过程中，原料成本占据了较大比例。通过采用价格低廉的废弃农作物作为原料，企业可以大幅降低生产成本，从而在市场竞争中占据价格优势。例如，通过开发和应用废弃农作物纤维素纤维，可以减少对高成本石油基纤维的依赖，降低产品成本，提高市场竞争力。

第三，企业还可以通过技术创新和规模化生产，进一步降低废弃农作物纤维素纤维的生产成本，提高其市场竞争力。例如，通过引进和研发高效的生物质转化技术，提升废弃农作物纤维素纤维的生产效率和质量，降低生产成本，提高产品的市场认可度。同时，通过规模化生产和产业链整合，实现成本进一步降低和效益最大化。例如，建立集废弃物回收、处理和纤维生产于一体的产业基地，形成完整产业链，提升整体效益。

第二节 | 创新优先、优化结构、绿色发展：迈向纺织服装强国之路

一、特种防护服装要具备高性能

（一）特种防护服装安全性能的重要性

特种防护服装不仅是一般意义上的服装，它具有保护使用者免受特定环境中潜在危险的作用，涉及生命安全和职业健康。特种防护服装的设计和制造必须满足严格的安全性能要求，以确保在特殊作业环境下能为着装者提供充分的防护。

1. 市场需求与产业竞争力

随着工业化进程的加快和各类新兴产业的发展，特种防护服装的需求不断增加。例如，在核工业、化学工业、消防、医药等行业，特种防护服装的使用已成为标准要求。这些行业对防护服装的防护性能有着极高的要求，以确保操作人员在高危环境中免受伤害。特种防护服装的市场需求不仅是数量上的增长，更是性能和质量上的提升，这对纺织服装产业提出了新的挑战和机遇。

提升特种防护服装的安全性能，可以显著增强中国纺织服装产业的竞争力。通过自主创新和技术突破，开发出符合国际标准、具有高附加值的特种防护服装，不仅能满足国内市场需求，还可以大规模出口，提升产业的国际竞争力和市场份额。这种高性能的特种防护服装将成为中国纺织服装产业的新的增长点和利润来源。

2. 自主创新的重要性

中国纺织服装产业需要聚焦创新，而不是简单追随其他国家的潮流。通过自主创新，可以打造出具有中国特色的高性能特种防护服装，满足国内外市场需求。中国拥有丰富的纺织技术和人才资源，应充分发挥自身优势，加强科研创新，不断提升产品品质和技术含量。

自主创新不仅是产业发展的关键驱动力，也是提高特种防护服装安全性能的有效途径。通过自主研发新材料、新工艺和新技术，可以显著提高防护服装的防护性能、耐用性和舒适性。例如，开发具有高强度、耐高温、防辐射等特性的纤维材料，并应用于特种防护服装的生产，可以大大提升防护效果。同时，通过引进和消化吸收国际先进技术，并结合本土实际情况进行创新和改进，可以形成具有自主知识产权的核心技术，增强产业的技术竞争力。

3. 高端产品的研发和市场定位

中国纺织服装产业需要转变发展思路，将焦点逐渐转向高端产品的生产和加工。随着消费升级和市场需求的变化，高端产品已成为产业发展的重要方向。因此，中国纺织服装产业应加大对高档产品的研发投入，提升产品档次和附加值，实现产业的升级和转型。

在特种防护服装领域，高端产品的研发尤为重要。这不仅是市场需求的反映，也是产业升级的必然选择。通过研发高性能、智能化的特种防护服装，可以满足不同行业和不同环境下的防护需求。例如，开发具有智能感应和报警功能的防护服装，可以实时监测使用者的身体状况和环境变化，及时提供防护和预警。此外，提升特种防护服装的舒适性和人性化设计，也是高端产品研发的重要方向，通过采用柔软、透气、轻便的材料，提高穿着舒适度。

（二）特种防护服装的关键性能要求

在特种防护服装的设计和制造中，关键性能的要求是确保其安全性和有效性的核心。这些关键性能主要包括防护性能、舒适性和耐用性等。满足这些关键性能要求，能够确保特种防护服装在各种复杂和高危环境中提供可靠保护。

1. 防护性能

防护性能是特种防护服装最基本也是最重要的性能，直接关系到使用者的生命安全和健康。根据不同的使用环境和防护需求，特种防护服装需要具备不同防护性能，包括防火阻燃、防化学腐蚀、防生物污染、防辐射等。例如，消防员需要穿着具有高效防火阻燃性能的防护服装，这些服装在高温和火焰环境中能有效保护使用者免受烧伤。消防员防护服通常采用芳纶纤维或PBI纤维，这些材料具有优异的阻燃性能，能够在极端高温下保持结构稳定，不会熔融或滴落，从而为使用者提供持久保护。此外，化工行业操作人员需要穿着具有防化学腐蚀性能的防护服装，以避免接触有毒有害化学物质造成伤害。这些服装通常采用高分子聚合物材料或涂层技术，如聚氯乙烯（PVC）、聚四氟乙烯（PTFE）等，能够抵御酸、碱、溶剂等化学物质的侵蚀，防止化学品穿透服装腐蚀皮肤。特种防护还需要具有防生物污染的性能，特别是在医疗和实验室环境中，能够防止细菌、病毒等病原微生物的传播。这类防护服通常采用带有抗菌剂的高密度织物或多层复合材料，既能阻隔微生物又能保持透气性。

在核工业和放射性工作环境中，防辐射性能是特种防护服装的关键要求，能够屏蔽和减弱有害辐射，保护使用者的健康。防辐射服装一般采用铅纤维或重金属纤维，与普通纤维混纺制成。这种材料具有高密度和高吸收性，能够有效屏蔽X射线、γ射线等电离辐射，防止辐射对人体的伤害。此外，一些高科技防护服还集成了辐射检测传感器，能够实时监测辐射剂量，提高安全性。

2. 舒适性

在满足防护性能的同时，特种防护服装的舒适性也是一个不可忽视的重要方面。舒适性不仅影响使用者的穿着体验，还直接关系到工作效率和防护效果。特种防护服装需要在保证防护性能的前提下，尽可能提高穿着的舒适度，减轻使用者负担。

提高特种防护服装的舒适性，可以通过材料选择、设计改进和工艺优化等多方面实现。例如，采用轻便、透气、柔软的高性能纤维材料，能减少服装的重量，提高透气性和柔软度，提升穿着舒适感。高性能纤维如聚酰亚胺纤维、超高分子量聚乙烯纤维等，不仅具有优异的防护性能，还具有良好的轻便性和透气性。此外，材料表面处理技术如微孔膜技术和吸湿排汗技术，也可以提高服装的透气性和吸湿排汗性能，保持皮肤干爽，减少闷热感。

二、民众日常用纺织服装需要新功能

（一）保暖功能的提升

随着全球气候变化和季节变化，民众对纺织服装的保暖功能提出了更高的要求。在寒冷的冬季，人们希望穿着的服装能有效保持体温，提供良好的保暖效果。为满足这一需求，纺织服装企业应注重选材和工艺，开发出保暖性能更优越的新材料和新技术，提升服装的保暖性能，让人们在寒冷的环境中有更加舒适的穿着体验。

1. 先进材料的应用

传统的保暖材料如羊毛、棉花等虽然具有良好的保暖效果，但在湿冷环境下容易吸湿，保暖性能下降。因此，纺织服装企业应研发和应用新型保暖材料，如高效保暖纤维、石墨烯纤维、纳米材料等。例如，石墨烯纤维具有优异的导热性和保暖性能，可以在低温环境下迅速吸收和储存人体散发的热量，形成保暖效果。此外，纳米材料通过提高纤维的表面面积和孔隙率，能够更好地捕捉和保存热量，提升保暖效果。

2. 智能保暖技术

智能保暖技术的发展为纺织服装提供了新的可能性。例如，智能加热服装通过集成微型加热元件和温度传感器，能够根据外界温度和人体需求自动调节温度，实现精准保暖。这种服装不仅保暖效果显著，还能提高穿着的舒适性和便捷性。此外，智能服装还可以通过无线控制，实现远程调节温度，为用户提供个性化的保暖体验。

3. 环保与可持续发展

在提升保暖功能的同时，纺织服装企业还应注重环保和可持续发展。例如，采用可再生材料和环保工艺，减少对环境的污染和资源的浪费。通过创新和研发，企业可以开发出既具有优异保暖性能，又环保可持续的保暖材料，为市场提供高质量的绿色产品。例如，采用再生羊毛或有机棉等环保材料，既保暖又符合可持续发展要求，满足消费者对环保产品的需求。

（二）抗菌功能的提升

随着健康意识的提升，民众对纺织服装的抗菌功能提出了更高要求，人们对衣物的卫生安全性要求更为严格。因此，纺织服装企业应注重研发具有抗菌功能的新型纺织材料，采用抗菌纤维或添加抗菌剂的工艺，保证服装具有良好的抗菌性能，减少细菌滋生，保障人们的健康安全。

1. 抗菌纤维的研发与应用

抗菌纤维通过在纤维制造过程中添加抗菌剂或使用天然抗菌材料制成，具有显著的抗菌效果。银离子是一种常见且有效的抗菌剂，具有强效的抗菌能力，能破坏细菌的细胞壁，抑制细菌的生长和繁殖。在纺织纤维中添加银离子抗菌剂，可以制成具有长效抗菌功能的纺织品。银离子抗菌剂通过慢释放银离子，与细菌细胞壁发生反应，破坏其正常的生理功能，从而杀死细菌。研究表明，银离子抗菌剂对多种常见病原菌具有显著抑制作用，包括大肠杆菌、金黄色葡萄球菌和绿脓杆菌等。

天然抗菌材料如竹纤维和海藻纤维本身就具有一定的抗菌性，可以作为环保的抗菌纤维材料应用于服装生产。竹纤维含有天然抗菌成分——竹醌，能够抑制细菌生长，减少细菌滋生，具有天然抗菌、抗霉、防臭的特性。海藻纤维则富含多种活性成分，如褐藻胶、褐藻酸和碘，具有良好的抗菌性能。此外，海藻纤维还具有保湿、透气、抗紫外线等多种功能，是一种理想的抗菌纤维材料。通过使用这些天然抗菌纤维，可以生产出环保、健康的抗菌纺织品，满足消费者对环保和健康的双重需求。

2. 抗菌涂层与后整理技术

抗菌涂层和后整理技术是提升纺织品抗菌性能的重要手段。通过在纺织品表面涂覆抗菌材料，可以显著增强纺织品的抗菌性能。例如，纳米银和纳米二氧化钛是两种常用的抗菌涂层材料，具有广谱抗菌效果。纳米银涂层通过缓释银离子，能够持续抑制细菌的生长，而纳米二氧化钛在光照条件下产生活性氧，具有强效杀菌作用。纺织品的抗菌后整理技术可以在织物成品阶段进行，通过浸渍、喷涂等工艺，将抗菌剂附着在织物表面，赋予织物持久的抗菌功能。这些技术不仅能有效抑制细菌的生长，还能保持纺织品的柔软性和舒适性。

抗菌涂层技术在实际应用中需要考虑涂层的稳定性和耐久性。为了保证抗菌效果的持久性，抗菌涂层应具有良好的附着力和耐洗涤性。通过优化涂层工艺和选择合适的抗菌材料，可以提高抗菌涂层的稳定性和持久性。例如，采用交联剂或结合剂提高涂层的附着力，增强涂层与织物基材的结合力，防止涂层在洗涤过程中脱落。此外，抗菌涂层技术还需要考虑对人体的安全性和环保性，选择安全、无毒、环保的抗菌材料，保证纺织品的安全性和环保性能。

3. 抗菌性能的评估与认证

为了确保纺织品的抗菌效果，纺织服装企业应建立完善的抗菌性能评估体系。标准化的实验室测试是评估抗菌纺织品抗菌性能的基础。例如，ISO 20743 标准是国际上常用的抗菌性能测试标准，通过测定抗菌纺织品对常见病原菌的抑制效果，评估其抗菌性能。测试方法包括定量测试和定性测试两种，定量测试指计算抗菌纺织品对细菌的抑菌率和杀菌率，定性测试指观察抗菌纺织品对细菌生长的抑制效果。

第三方认证机构的认证是提升产品市场竞争力和消费者信任度的重要手段。通过获得权威的抗菌性能认证，企业可以向消费者和市场证明其产品的抗菌效果。例如，获得 ISO 20743 抗菌测试认证或 EPA 抗菌产品认证，可以为产品进入国际市场提供有力支持。这些认证不仅能提高产品的市场竞争力，还能增强消费者对产品的信任和认可。

抗菌性能评估体系还应包括长期性能测试和安全性测试。长期性能测试评估抗菌纺织品在使用过程中的抗菌效果持久性，包括多次洗涤后的抗菌效果和使用过程中的抗菌效果。安全性测试评估抗菌纺织品对人体和环境的安全性，包括抗菌剂的释放量、皮肤刺激性和致敏性等。通过全面的抗菌性能评估体系，企业可以确保抗菌纺织品的高效、安全和环保性能，满足消费者对抗菌产品的需求。

（三）清洁和保养功能的提升

随着生活节奏的加快和生活压力的增加，人们对纺织服装的清洁和保养提出了更高要求。他们希望纺织服装能够方便地机洗，并且不易变形、不褪色。因此，纺织服装企业应注重选用易清洗的材料，并采用抗皱、耐磨、不褪色的工艺，确保服装经过机洗后依然保持良好的品质和外观。

1. 易清洗材料的研发与应用

易清洗材料的研发是提升纺织服装清洁性能的关键。例如，涤纶、锦纶等合成纤维具有良好的耐污性和易清洗性，可以广泛应用于日常服装的生产。这些合成纤维由于其分子结构的特点，表面光滑且不易吸附污垢，清洗时污渍容易脱落，因而大大简化了洗涤过程。

通过在纤维制造过程中添加亲水性或疏水性处理剂，可以显著提高纺织品的易清洗性能。亲水性处理剂使纤维表面亲水性增强，污渍更容易在水中溶解和脱离，而疏水性处理剂则使纤维表面形成防水膜，减少污渍的附着。例如，采用纳米涂层技术，在纤维表面形成一层保护膜，能有效减少污渍附着，提升纺织品的自清洁性能。纳米涂层不仅能防止污渍深入纤维内部,还能提供抗菌、防臭等附加功能,进一步提高纺织品的整体品质和客户使用体验。

2. 抗皱耐磨工艺的应用

抗皱和耐磨是提升纺织品耐用性的重要工艺。抗皱性能可以通过在纤维制造过程中加入交联剂或采用特殊的纺织结构实现。交联剂通过形成化学键,将纤维分子链固定在一起,从而减少纤维的移动和变形,显著提高纺织品的抗皱性能。这种方法能够有效防止纺织品在洗涤和穿着过程中的褶皱,保持衣物的平整和美观。

耐磨性能则通过采用高强度纤维和增强纺织工艺来提升。高强度纤维如凯夫拉(Kevlar)、超高分子量聚乙烯(UHMW—PE)等具有极高的抗拉强度和耐磨性,可以极大延长纺织品的使用寿命。此外,通过采用增强纺织工艺,如高密度织造技术、多层结构设计等,可以进一步提升纺织品的耐磨性能。例如,涤纶和棉混纺的面料不仅手感柔软舒适,还具有良好的抗皱和耐磨性能,适合制作各类日常服装。

在实际生产过程中,还可以结合纳米技术,通过在纤维表面形成纳米涂层,进一步提高纺织品的抗皱和耐磨性能。纳米涂层可以有效增强纤维的机械强度和表面硬度,减少摩擦和磨损,延长纺织品的使用寿命。

3. 不褪色技术的研发与应用

色牢度是影响纺织品外观和质量的重要因素。为了确保纺织品在洗涤和穿着过程中不褪色,纺织服装企业应研发和应用先进的不褪色技术。通过改进染色工艺,采用高牢度染料和固定剂,可以显著提高纺织品的色牢度。例如,活性染料由于其与纤维分子形成牢固的化学键,能够提供优异的色牢度,广泛应用于棉、麻等天然纤维的染色。

纳米染色技术是近年来发展起来的一种新型染色技术,通过纳米颗粒在纤维内部形成稳定的染色结构,可以极大提高纺织品的耐洗性和耐光性。纳米银染色技术不仅可以提高纺织品的色牢度,还具有一定的抗菌效果。纳米银颗粒通过与纤维分子紧密结合,能够稳定染料分子的位置,防止其在洗涤和穿着过程中脱落,从而提高色牢度和耐久性。此外,纺织服装企业还可以采用双染料组合技术,即在同一纺织品上采用两种或多种不同类型的染料,通过协同作用提高纺织品的色牢度。例如,分散染料和活性染料的结合使用,可以在涤纶和棉混纺织物上实现高牢度的染色效果,确保纺织品在多次洗涤后依然保持鲜艳的色彩。

在纺织品的后整理过程中,还可以通过采用抗褪色助剂和紫外线吸收剂,进一步提高纺织品的耐光性和耐洗性。抗褪色助剂可以通过与染料分子形成稳定的络合物,提高染料的牢固性,而紫外线吸收剂则可以吸收有害的紫外线,防止纺织品在阳光照射下褪色。

三、纺织服装产业还需满足的特种要求

（一）医疗保健、实验室、食品加工等行业的专业服装

一些特殊行业，如医疗保健、实验室、食品加工等行业的工作人员，需要穿着具有防护、抗菌和易清洁等功能的专业服装。这些行业对专业服装的需求极为严格，因为这些服装不仅直接关系到工作人员的健康和安全，还关系到环境的清洁和产品的质量。

在医疗保健行业，医护人员的服装需要具备多种功能，以保护他们免受病原体和化学物质的侵害。手术服、医用防护服和隔离衣是医护人员的基本防护装备。这些服装需要具备防护性、抗菌性和舒适性。防护性是指医护服装必须有效阻隔病原体和化学物质。采用高密度纤维和特殊涂层处理的材料，可以防止病菌和液体的渗透。例如，采用聚丙烯纺粘无纺布和熔喷无纺布复合材料，可以提供高效的防护效果。抗菌性方面，通过在纺织材料中添加抗菌剂（如银离子、铜离子等），可以有效抑制细菌生长，降低感染风险。此外，着装舒适性也很重要，因为医护人员需要长时间穿着防护服，因此舒适性也是一个重要考量因素。采用透气、轻便的材料，可以提高穿着的舒适度，减轻医护人员的工作负担。

实验室工作人员的服装需要具备防护性和耐化学性，以防止接触到有害物质。实验室防护服通常需要具备耐化学性和抗静电性。从耐化学性方面来讲，实验室工作人员经常接触各类化学品，因此防护服需要具备良好的耐化学腐蚀性能。采用耐酸碱、耐溶剂的高分子材料，可以有效防止化学品对皮肤的伤害。从抗静电性方面来讲，实验室环境中可能存在易燃易爆物质，因此防护服需要具备抗静电性能。通过在纤维中添加导电纤维或采用导电涂层处理，可以防止静电积聚，降低爆炸风险。此外，舒适性和透气性也是实验室防护服的重要考虑因素。

食品加工行业的工作人员需要穿着无菌、易清洁的工作服，以保证食品的安全卫生。食品加工服装需要具备防护性、抗菌性和易清洁性。从防护性方面来讲，食品加工服装应采用防水、防油的材料，防止食品残渣和液体的渗透，保持工作环境的清洁。从抗菌性方面来讲，通过在纤维中添加抗菌剂或采用抗菌涂层处理，可以有效抑制细菌的生长，保障食品加工过程中的卫生安全。从易清洁性方面来讲，食品加工服装应采用易于清洗、不易黏附污渍的材料，方便工作人员的日常清洁和维护。

（二）特殊环境下的专业服装

一些特殊环境下的工作人员，如高温、低温、高海拔、高湿度等环境下的工作人员，需要穿着具有保温、保暖、透气、防水、防风等特殊功能的工作服。例如，在极寒环境下工作的人员需要穿着保暖、防寒的工作服；在高温环境下工作的人员需要穿着透气、排汗、耐高温的工作服。

在极寒环境下，工作服需要具有优异的保暖性能和抗寒性能。采用高效保暖材料，如羽绒、羊毛和合成保暖纤维，可以提供良好的保暖效果。为了进一步提高保暖性能，可以采用多层结构设计，通过在服装内层增加隔热层，减少热量散失。此外，工作服还需要具备良好的防风和防水性能，以防止冷风和雪水的侵袭。例如，采用防风防水的面料，如 GORE-TEX 面料，可以有效阻隔外界寒冷空气和水分，保持身体的温暖和干燥。

在高温环境下，工作服需要具备透气性和排汗性，以帮助身体散热和排汗。采用轻便、透气的材料，如棉、麻和高科技合成纤维，可以提高工作服的透气性和舒适性。此外，工作服还需要具备耐高温性能，以防止高温对身体的伤害。例如，采用耐高温纤维材料，如芳纶和 PBI 纤维，可以提供良好的耐热保护，避免高温灼伤和热辐射的影响。

在高湿度环境下，工作服需要具备防水、防潮和透气性能。采用防水透湿的材料，如 PU 膜和 PTFE 膜，可以有效阻隔水分的侵入，同时保持内部的透气性。此外，工作服还需要具备快干性能，以便在潮湿环境中快速排出汗液，保持身体的干爽和舒适。例如，采用速干纤维材料，如涤纶和尼龙，可以提高工作服的快干性能，减少潮湿带来的不适感。

（三）特殊职业的专业服装

一些特殊职业，如消防员、救援人员、安全员等职业的工作人员，需要穿着具有防火、防爆、抗撕裂、抗拉扯等特殊功能的工作服。这些工作服需要具备极强的耐磨性和抗撕裂性，以保护工作人员免受外界危险物质的伤害。

消防员的工作服需要具备防火、隔热和耐磨性能。采用阻燃纤维材料，如芳纶、PBI 和阻燃涤纶，可以提供良好的防火性能，防止火焰和高温的侵袭。此外，工作服还需要具备良好的耐磨性能，以应对复杂的火灾现场环境。例如，采用高强度纤维材料和加固缝线，可以提高工作服的耐磨性和抗撕裂性，延长使用寿命。

救援人员的工作服需要具备防护性和多功能性。采用高强度纤维材料和多层结构设计，可以提供良好的防护性能，防止外界物体的撞击和划伤。此外，工作服还需要具备多功能性，以满足救援过程中的各种需求。例如，设计多口袋、多挂点的工作服，可以方便携带救援工具和设备，提高工作效率。

安全员的工作服需要具备防护性和警示性。采用高可见度材料，如荧光黄、荧光橙等，可以提高在低光环境下的可见度，减少事故发生风险。此外，工作服还需要具备防护性能，以防止外界物体的撞击和刺伤。例如，采用高强度纤维材料和加固设计，可以提高工作服的防护性能，保障安全员工作安全。

参考文献

［1］马磊.物联网技术在纺织行业中的应用［J］.纺织导报，2018（3）：22-24.

［2］张祎.物联网与云制造技术的应用——以纺织服装业为例［J］.技术与市场，2016，23（11）：143.

［3］刘典勇.物联网视域下纺织工业智能化转型升级路径研究［J］.新型工业化，2021，11（5）：91-93.

［4］P.Vora，A.Powar，李婷.工业物联网：纺织工业的需要［J］.国际纺织导报，2019，47（7）：53-55.

［5］陈永当，石美红，陈亮，等.物联网及云制造技术在纺织服装业的应用探索［J］.棉纺织技术，2012，40（8）：57-60.

［6］曾琦，冯君.皮具共享模式的背景及其对设计的影响［J］.皮革科学与工程，2021，31（1）：85-89.

［7］江小涓，靳景.中国数字经济发展的回顾与展望［J］.中共中央党校学报，2022，26（1）：69-77.

［8］孙瑞哲.纺织强国再出发 谱写高质量发展新篇章［J］.纺织服装周刊，2021（1）：10-15.

［9］朱爱孔，何芳.供给侧结构性改革下的新疆棉纺织产业发展路径优化［J］.中国棉花加工，2021（3）：7-10.

［10］朱爱孔，何芳，韩明悦.需求侧管理下的我国新疆棉纺织产业高质量发展路径探索［J］.中国棉花加工，2021（4）：16-19.

［11］孙瑞哲.稳中求进 守正创新 开启高质量发展新征程［J］.纺织导报，2022（1）：9-18.

［12］孔存玉，丁志帆.制造业数字化转型的内在机理与实现路径［J］.经济体制改革，2021（6）：98-105.

［13］史宇鹏，王阳，张文韬.我国企业数字化转型：现状，问题与展望［J］.经济学家，2021（12）：90-97.

［14］张洁，吕佑龙，汪俊亮，等.大数据驱动的纺织智能制造平台架构［J］.纺织学报，2017，38（10）：159-165.

［15］陶文文. 供应链服务管理平台：纺织行业数字化转型［J］.上海信息化，2018（12）：64-66.

［16］杨雅莉，孙振可，孔媛，等. 数字化定制服装"追踪式"体验营销模式研究［J］.毛纺科技，2019，47（4）：66-70.

［17］彭筱星. 基于大数据的快时尚服装品牌数字营销策略研究［J］.商业经济研究，2020（14）：81-83.

［18］杜岩冰，杨向宇，杜劲松. 服务营销在规模化服装定制企业的应用研究［J］.纺织导报，2020（1）：88-91.